Antes yo que nosotros

books4pocket

Christine Arylo

Antes yo que nosotros

La guía para el amor y la vida
de las mujeres como tú y como yo

URANO
Argentina - Chile - Colombia - España
Estados Unidos - México - Perú - Uruguay

Copyright © 2009 by Christine Arylo
All Rights Reserved
© 2015 de la traducción *by* Victoria Horrillo Ledesma
© 2015 *by* Ediciones Urano, S.A.U.
　　　　Plaza de los Reyes Magos 8, piso 1º C y D – 28007 Madrid
　　　　www.mundourano.com
　　　　www.books4pocket.com

1ª edición en **books4pocket** mayo 2018

Impreso por Novoprint, S.A. – Energía 53 – Sant Andreu de la Barca (Barcelona)

Fotocomposición: Ediciones Urano, S.A.U.

ISBN: 978-84-16622-25-2
E-ISBN: 978-84-9944-921-0
Depósito legal: B-9.632-2018

Código Bic: VSPM
Código Bisac: SEL023000

Impreso en España – *Printed in Spain*

Para todas las mujeres (pasadas, presentes y futuras) que se han atrevido a vivir desde el alma y el corazón y han tenido el coraje de creer que todo es posible.

Índice

Segunda Parte. ÉL

Tercera Parte. NOSOTROS

AGRADECIMIENTOS

Antes yo que nosotros es el resultado de un viaje de descubrimiento personal cuya meta era encontrar y amar mi verdadero YO y expresarme libremente y con plenitud, toda yo. Cada paso que di fue posible gracias al cariño, la inspiración y los consejos que recibí de personas que compartieron conmigo su talento y su corazón. A todas ellas les doy las gracias de todo corazón.

A Anne Wagner, el fósforo que prendió la llama, impulsándome a contar mi historia: mi agradecimiento eterno por haber visto el detonante de la inspiración y a la escritora que había en mí cuando yo aún no podía verlos.

A mi *troupe* de ángeles: los sanadores, líderes espirituales y maestros que me han hecho cambiar de perspectiva vital y me han ayudado a restañar mis heridas, a reparar mis alas y a aprender a volar de nuevo: gracias por ayudarme a encontrar mi verdadero YO. Mando una dosis especial de honda gratitud a Vic Turner, Paul Escriva y Maureen Riley, mi terna de sanadores de Chicago, que estuvieron allí para recogerme cuando mi vida se vino abajo.

A mis hermanas del alma: Anne, Colleen, Danielle, Debra, Michele, Catherine y Tarja. Vosotras hicisteis posible este libro por todo lo que me disteis y todo lo que visteis en mí.

A mi abuela, Virginia Schneider, que me quiso y me animó

hasta cuando creía que me había vuelto loca en California: gracias por preocuparte por mi felicidad y por apoyarme mientras perseguía mis sueños.

A mi profesor de escritura, Ricky Weisbroth, cuyos consejos, entrega y opiniones sinceras me catapultaron hacia mi labor como escritora: tu influencia permanecerá conmigo el resto de mi vida.

Doy también las gracias a todos aquellos que me ayudaron a hacer de este libro y de su mensaje, en todas sus formas, una realidad palpable. Gracias de manera muy especial a mi editora, Georgia Hughes; a mi publicista, Kim Corbin; y a todo el equipo de New World Library, cuyo compañerismo y sabiduría hizo posible este sueño; a Jan King, de eWomen's Publishing Network, por sus sagaces consejos en cada paso del camino; a Dava Guthmiller y a Noise 13, por diseñar una portada que me encanta; a Lin Lancombe, Patricia Aburdene y a todas las demás mujeres que leyeron el primer borrador del libro, por darme vuestra opinión sincera desde el comienzo; a Paula Goldman, por su generosidad y su tolerancia; a mi *coach*, Rich Fettke, por su eterno entusiasmo y su asesoramiento; a las San Francisco Girltalkers, por inspirarme con sus historias, su risa y su sabiduría; a Sherri Smith, por su fabulosa labor en el diseño de mi marca, *Girltalk… taking it deeper*; a Jay Kamins, por ser el mejor *webmaster* de la historia; a Laura y Lori Hardy-Thompson, por su asesoramiento legal; y a Peggy Klaus y Bobbi Silten, por vuestro sincero tutelaje.

Gracias también a todos aquellos que me apoyaron en mi empeño de vivirME y quererME. Nunca me pedisteis que apagara mi luz. Al contrario, ¡me pedisteis que la hiciera brillar con más intensidad! Un gran abrazo para Deborah Jones, Ariel Spilsbury, Pele Rouge (Saltamontes te da las gracias), a todos mis Pumas (miau), al grupo de Thought Leader Gathering, a mi familia de Nine Gates y, cómo no, a mis hermanas de 13 Moon.

Sobre todo, doy las gracias a Noah, mi compañero del alma y mejor amigo. Tu apoyo y tu amor han sido firmes e incondicionales desde el día en que nos conocimos. Has sido un verdadero compañero para mí a cada paso del camino. Este libro y la visión que expongo en él para conformar la realidad han sido posibles por lo que tú me has dado y sigues dándome. No puedo expresar la gratitud que siento por que formes parte de mi vida.

Y, por último, gracias a todos los hombres, mujeres, animales y niños que han dejado su huella en mi alma a lo largo de mi vida, y en especial a *Nanook*, la joya cuadrúpeda de mi corazón: gracias por permitirme experimentar esa magia que eres tú, y que en resumidas cuentas es lo que me inspira a hacer lo que hago.

Vamos a conocernos

¿Alguna vez has sentido que caminas sola por la vida? ¿Que eres la única mujer que comete errores absurdos y lamentables? ¿Que se conforma con menos? ¿Que desea ansiosamente el amor, por encima de todo lo demás? ¿Que anhela tanto encontrar un compañero de verdad que ese anhelo se vuelve doloroso? ¿Alguna vez has pensado, «Por qué será que todas las mujeres tienen unas relaciones de pareja fabulosas, menos yo? ¿Por qué no puedo ser yo igual de feliz?» ¿O te has sentido rechazada por la persona a la que amabas y has pensado que la culpa era tuya, que algo debía de haber de malo en ti?

A los treinta años, cuando la desoladora ruptura de una relación de pareja que duraba ya quince me desgarró el corazón como el colmillo de un jabalí, estaba convencida de que era la única mujer que había metido la pata de aquel modo tan tremendo. Me sentía sola, rechazada y furiosa por haberme engañado a mí misma durante tanto tiempo, por haber renunciado durante años a mi propio ser por conservar el amor de otra persona, únicamente para verme abandonada y con el corazón hecho trizas. Poco tiempo después del mazazo inicial que supuso el fin de mi relación de pareja, me di cuenta de que no había entendido que, por encima de todo y antes que nada, debía cuidar y valorar la relación más importante de mi vida: la que tenía conmigo misma.

Aquel final fue para mí un principio en el que descubrí muchas cosas. Por fin comprendí que no tenía que sentirme tan horriblemente sola en mis experiencias: tenía hermanas en este viaje loco y confuso que es ser mujer. Para bien o para mal, como mujeres compartimos multitud de historias, desamores, obstáculos y aspiraciones. Aprendí también que no tenemos por qué seguir prisioneras de las creencias limitadoras que circulan continuamente por nuestra psique y nuestra sociedad y que nos mantienen alejadas de nuestros sueños. *Siempre* tenemos elección. A lo largo del camino de la vida, todas tenemos la oportunidad de extraer enseñanzas de nuestros errores, de ganar en lucidez al restañar nuestras heridas, y en claridad de ideas al reivindicar nuestros deseos y necesidades.

Si tenemos la suerte de despertar al poder inmenso que poseemos de crear nuestra propia vida, tenemos también la responsabilidad de compartir nuestra historia y nuestras reflexiones con las demás. De lo contrario, se pierde el verdadero poder de nuestro aprendizaje. Compartir nos permite vernos reflejadas en las palabras de los demás, hacer a los otros testigos de nuestro viaje personal y ampliar las posibilidades que se despliegan ante nosotras. Compartiendo, nosotras, como mujeres, podemos brindar a otras la inspiración emocional que puede servirles para eliminar los «deberías», los «debes» y los «no puedes» que obstaculizan su camino hacia la creación del tipo de vida y de relaciones humanas que de verdad anhelan.

Yo también me he apoyado en la sabiduría y la ayuda de muchas mujeres, a algunas de las cuales no conocía de nada, para avanzar en mi «larga y oscura noche del alma». Viendo y oyendo a otras, aprendí que, para querer plenamente y de todo corazón a otra persona, primero tenía que abrazar plenamente y de todo corazón mi propio ser. Cobrar conciencia de ello fue una inmensa fuente de inspiración en mi decisión de compartir mis conocimientos y experiencias con otras mujeres a través de *Antes yo que nosotros*.

Las páginas que siguen nos llevan juntas de viaje. En ellas, comparto la sabiduría que he adquirido en mi camino personal al pasar de ser una persona a la que yo creía conocer y querer a ser una persona a la que de verdad conozco y quiero. Comparto contigo anécdotas de mis propias aventuras y de las de mis amigas más queridas, todas ellas mujeres que tratan de encontrar fuentes de amor y felicidad, pero que a menudo buscan en lugares equivocados. Y te pido que mires con atención la vida que has creado y que respondas sinceramente a la pregunta: «¿Estoy cuidando y valorando como merece la relación primera y más importante de mi vida: la relación conmigo misma?»

Antes de que sigamos adelante, ya que vamos a pasar juntas los próximos ocho capítulos, más o menos, me gustaría darte la oportunidad de conocerme mejor. Aunque puede que ya sepas mi nombre, Christine Arylo (pronunciado *a-rai-lo*), lo que no sabes es que mi apellido no le pertenece a nadie más que a mí. Ni a la familia en cuyo seno nací, ni a mi marido. Sólo a mí. Cuando era una adolescente, me sentía como si anduviera por el mundo llevando los apellidos de otras personas.

Y, como me creía muy rebelde, a los dieciocho anuncié osadamente que renunciaba a mi segundo nombre y que iba a emprender la búsqueda de uno nuevo con el que de verdad me sintiera a gusto. Me hice grandiosas ilusiones de encontrar el nombre perfecto mientras estuviera embarcada en alguna empresa maravillosa: en un viaje a África, quizás, o en la lectura de un pasaje mágico de un texto antiguo. Aunque no pasó como yo esperaba (no hubo excursión a otro continente), quince años después encontré, en efecto, mi nombre o, mejor dicho, mi nombre me encontró a mí. Un día que fui a casa del vecino a pedir un poco de azúcar, conocí a un niño de ocho años que estaba allí de visita y que me dijo: «Hola, me llamo Orilo». El sonido de su nombre recorrió mi alma de punta a punta, y supe que había encontrado una parte de mí que hasta entonces estaba perdida. Fue como si todo mi cuerpo se sacudiera, como si me hubieran dado la llave de una puerta cerrada hacía muchísimo tiempo. Lo irónico del caso es que yo sólo quería una taza de azúcar y acabé encontrando el apellido que andaba buscando. Lo varié un poco para convertirlo en Arylo, empecé a usarlo como seudónimo y dos años después, cuando me casé, lo convertí legalmente en mi apellido. Por fin tenía un apellido con el que me sentía a gusto.

Por supuesto, mi familia de Chicago pensó que «se me había ido la olla» de verdad, pero te aseguro que estaba cuerda y con los pies en la tierra. La experiencia de encontrar ese nombre fue una manifestación de mi empezar a ser y a quererme por completo, dos cosas que no había podido hacer hasta entonces. Si echo la vista atrás, me doy cuenta de cómo ansiaba quererME y aceptarME, sentirme totalmente libre para ser yo misma, plenamente y todo el tiempo, sin pedir disculpas. Hoy comprendo cómo mis decisiones, sobre todo en lo que atañe a las relaciones de pareja, me impedían expresar-Me y quererMe por completo.

Ser YO nunca fue fácil, como no lo es para la mayoría de nosotras, sobre todo durante los confusos años de la infancia y la primera juventud. De niña y de adolescente, yo era un poco más torpona y tímida que la mayoría: tuve la suerte de que me pusieran gafas a los cinco años, aparato dental a los once y de que mi madre me vistiera como si fuera o bien gorda o bien una niña muy rara (todavía no lo tengo del todo claro). Tardé mucho en florecer.

Por fuera, mi familia parecía «normal»: clase media, una casa bonita, un perro, un gato, hermanos, mamá era la jefa de las Girl Scouts y papá el entrenador de béisbol infantil. Pero, como sucede en casi todas las familias, nuestras disfunciones hicieron estragos soterradamente: alcoholismo (mi padre bebía demasiado), emociones reprimidas (mi madre estaba tan ocupada que no sentía nada), y muy poco afecto físico (aunque mis padres me querían, los abrazos escaseaban). Mis padres no eran ogros. No me maltrataban, y cubrían todas mis necesidades materiales. Lo hicieron lo mejor que pudieron, pero a nuestra relación le faltaba hondura e intimidad porque mis padres, *como la mayoría de la gente que habita en este planeta,* llevaban su propia carga de heridas sin restañar.

Yo, como todo el mundo, tenía mis traumas, en mi caso relacionados con la marcha de los hombres más importantes de mi vida. El primero en dejarme fue mi padre. Unas semanas antes de que yo cumpliera quince años, se mató en un accidente de coche. Lo que pareció una inocente despedida de una tarde se convirtió en uno de los vuelcos más importantes de mi vida.

Aquella ventosa noche del Medio Oeste, estando mi madre fuera por trabajo, mi padre decidió salir. Vino a mi cuarto a contarme sus planes y me dijo que me divirtiera con mis amigos. Yo, como era lógico en una adolescente, pensé: «¡Genial, no va a hacerme el tercer grado!» Mi padre se marchó en nuestro Volkswagen Rabbit y yo crucé la calle para ir a casa de mi mejor amiga, donde un chico por el que estaba colada estaba esperando para recogerme en su Oldsmobile Cutlass de 1973. ¡Qué poco sospechaba entonces que ese chico iba a pedirme que fuera su novia y que de ese modo daría comienzo una relación que iba a durar quince años! Tampoco podía imaginar en aquel momento que, en el curso de aquella noche, un hombre entraría en mi vida y otro saldría de ella para siempre.

La siguiente vez que vi a mi padre estaba tendido en un ataúd, con la cara cubierta de maquillaje y una camisa de cuello alto para que no se vieran sus vértebras rotas. Había muerto en el acto, en una carretera helada, la noche en que cada uno se fue por su lado por primera vez. No pude entender su muerte, ni llorarla, hasta que cumplí los treinta años, cuando el chico que conducía el Cutlass del 73 puso fin a nuestro noviazgo dos horas antes de nuestra fiesta de compromiso.

Pensándolo bien, el fin de nuestra relación no debería haberme sorprendido tanto. Aquel hombre se había metido de sopetón en el hueco que dejó la muerte de mi padre. En aquel momento, siendo un chico de apenas dieciocho años, le hizo a mi padre muerto una promesa que ningún hombre debería hacer: «Cuidaré siempre de ella». Con aquel voto, se cimentó una nueva relación padre-hija que aplastó la esperanza de una relación amorosa sana. A mí, que tenía quince años, aquella promesa me pareció amor verdadero. A los treinta, en cambio, me di cuenta de que era una sentencia de muerte. Habíamos creado una relación de pareja en la que él, que no era mi padre, se sentía en la obligación de cuidar de mí. Cuando ya no necesité que me cuidaran, se marchó. Había dejado de tener motivos para mantener nuestra relación. Nunca olvidaré lo que me dijo: «Chris, tú ya no me necesitas *lo suficiente*». Y añadió: «Ya no te quiero. Ya no quiero casarme contigo. Y, ah, por cierto, llevo seis meses poniéndote los cuernos».

Como consecuencia de esta confesión, que me hizo tambalearme de angustia, experimenté el dolor más intenso y devastador que había sentido nunca. Fue como si toda mi comprensión de la vida hubiera quedado aniquilada en un instante, como si todos mis sueños se hubieran roto. Durante las primeras semanas estaba tan triste que pensé de verdad que iba a morirme. Ya conoces la sensación: es como si te hubieran arrancado de cuajo el corazón, dejando un hueco tan hondo y oscuro que ni siquiera tienes palabras para describir tu dolor. En mi caso, lo único que me permitía recordar que aún estaba viva eran las oleadas sucesivas de sufrimiento severo, vacío absoluto y crisis de ansiedad. Hasta varios meses después no me di cuenta de que aquel hombre me había hecho, en realidad, el mayor regalo de mi vida: la libertad.

Lo cierto es que yo llevaba más de una década sujetando nuestra relación de pareja con trocitos de cinta adhesiva, y que tenía que añadir continuamente más cinta para tratar de ocultar los defectos y las mentiras ante todo el mundo, y especialmente ante mí misma. Lo único que hizo él fue arrancar la cinta y dejar al descubierto lo que acechaba debajo de aquella gruesa cobertura. ¡Y, ay, cómo dolió! En aquel momento le culpé por haber destrozado nuestra relación y mi vida, pero en realidad fui yo, y no él, quien causó mi sufrimiento. Indudablemente podría haber demostrado más tacto, pero la verdad es que el final tenía que ser así de brusco. Yo jamás le habría dejado. No habría dado por perdida nuestra relación. Creía a pie juntillas que, por encima de todo, estábamos «hechos el uno para el otro». Que era cosa del destino. Era una romántica en aquella época, pero posteriormente llegué a entender que nuestra relación se había limitado a encubrir *mi* dolor.

El dolor había sido fácil de ocultar, casi siempre. Como pareja, se nos daba de maravilla acumular logros materiales. Compramos dos casas y montamos un negocio. Yo progresé en mi carrera y en mi formación. Coches, motos y toda clase de «cosas guays» llenaban nuestras vidas. La parte contractual de la relación funcionaba bien. Como muchas otras mujeres, creía que entre mi chico y yo podíamos arreglar lo que iba mal. Creía que el amor bastaba para superar cualquier cosa. La verdad era, sin embargo, que llevaba mucho tiempo conformándome con menos de lo que quería. Y, de haber podido ser sincera conmigo misma, de haber visto las señales de advertencia (las peleas, las rupturas temporales, las infidelidades), habría sido yo quien lo hubiera dejado. Me habría dolido igual, pero también me habría ahorrado un montón de perplejidad, de mala conciencia y de sufrimiento.

Ahora, al contar sinceramente nuestra historia, puedo decir que, aunque nos quisimos lo mejor que supimos hacerlo, nuestro amor se basaba en los vacíos que cada uno de los dos tenía dentro, en traumas disfuncionales desarrollados mucho antes de que nos conociéramos. Discutíamos demasiado. Pugnábamos constantemente por conseguir el control, y yo me rebelaba sin cesar contra las normas que establecía él. Intentaba imponerme horas fijas de llegar a casa, me prohibía que me sentara en la encimera de nuestra cocina, ¡en la encimera que yo había ayudado a pagar! Ahora puedo reírme de lo absurdo de sus exigencias, pero en aquel entonces provocaban auténticas batallas campales.

Éramos tan distintos… Yo amaba la vida y a la gente. A él le gustaba quejarse de las dos cosas. Yo era extrovertida y él se deprimía con mucha frecuencia. Estábamos en desacuerdo en todo, desde dónde vivir a cómo hacer bien una barbacoa. Nuestras discusiones eran muy ásperas. Conocíamos los puntos flacos del otro y no perdíamos ocasión de hurgar en ellos hasta el fondo.

Para seguir con él, tuve que hacer oídos sordos a mi voz interior e imponerme a mí misma condiciones draconianas. Renuncié a mis verdaderos deseos, a lo que de verdad me importaba. Quería viajar por todo el mundo con mi pareja, y en lugar de hacerlo hacía excursiones por Estados Unidos con mis amigos. Quería vivir en la ciudad, pero renuncié a ese deseo a cambio de tener una casa grande en un barrio residencial de las afueras. Ansiaba vivir en California, estudiar allí y luego buscar trabajo en una empresa de diseño de moda, pero me convencí a mí misma de que me conformaría con encontrar algo en Chicago.

Y luego estaban las rupturas de semanas o de meses, que se daban con cierta frecuencia. En esos momentos era feliz, pero lo olvidaba convenientemente cuando volvíamos a estar juntos. Ser YO misma me resultaba mucho más fácil cuando estaba separada de él, ya fuera sola o saliendo con otros chicos durante nuestros periodos de ruptura. Cuando estaba con él, no podía conseguir lo que necesitaba dentro de la pareja, así que lo buscaba en otros sitios: en otros chicos, en la pandilla de amigos, o saliendo mucho de fiesta por ahí. Al final, habíamos creado una relación de pareja que no nos convenía a ninguno de los dos y, cuando terminó, me prometí a mí misma no volver a conformarme con menos. De momento, no lo he hecho.

A veces pienso que mi historia me hace parecer un cachorrillo enamorado o una tarada con un montón de problemas que no sabía por dónde tirar. Pero, fuera de la pareja, mi imagen era totalmente distinta. No había ni rastro de la chica insegura que se aferraba a una relación absurda, demasiado temerosa de estar sola, y aterrorizada ante la idea de afrontar el dolor que llevaba dentro. Mis compañeros de trabajo o de clase me veían como una mujer centrada y segura de sí misma que perseguía lo que quería y que podía conseguir cualquier cosa que se propusiera. Era una ejecutiva de márketing que ascendía rápidamente por la escalerilla empresarial. Buena estudiante, me había licenciado *magna cum laude* y había conseguido el ingreso en una de las principales escuelas de posgrado del país. Tenía muchos amigos. A la gente le gustaba estar conmigo. Así es como me veía el mundo. Y tenían razón: era y sigo siendo esa mujer.

Y, sin embargo, también era una jovencita herida. Ni mi padre ni mi madre habían estado disponibles, en un sentido emocional, durante la mayor parte de mi vida. Había sufrido en silencio la ausencia de mi padre, cuya muerte fue la primera de las tres que sufrí antes de cumplir dieciséis años: al año de perder a mi padre, perdí también a un tío y a una muy buena amiga. Estando sólo en segundo de bachillerato, no tenía herramientas para asimilar mis emociones, ni adultos que me ayudaran. Esos hechos me produjeron grandes heridas que nunca curaron por completo: sólo les salió costra por encima. Sólo empezaron a restañarse de verdad cuando terminó mi relación de quince años. Cuando se vinieron abajo mis ilusiones y mis falsas creencias acerca de mi relación de pareja y de mi vida en general, no pude seguir escondiéndome, por más que lo intenté.

Después de la ruptura, y tras varias semanas de intentar incansablemente «restaurar» lo nuestro, me rendí. Cansada de llorar, de suplicar y de negociar, recurrí a una tercera persona en busca de consejo: una mujer mayor que yo y muy sabia. Al poco rato de contarle mi historia y de escuchar los consejos que me dio cariñosamente y sin rodeos, algo cambió. Me di cuenta de que, aunque no había sido yo quien había roto nuestro compromiso, podía elegir: podía seguir retorciéndome las manos y estrujándome el corazón por un hombre que estaba claro que ya no quería estar conmigo, o *podía recuperar mi vida*. Elegí esto último.

Ahora puedo decir que, al igual que la Mujer Maravilla, me desperté al día siguiente y recuperé mi vida, pero entonces mi historia sería un cuento de hadas, en lugar de la verdad. La realidad es que, aunque oí aquella llamada que me instaba a despertar, seguía siendo un pajarito herido, con las alas torcidas y el corazón muy, muy triste. Había días en que no quería salir de la cama (y no salía) y me pasaba horas llorando mientras miraba viejas fotografías o evocaba recuerdos. Había noches en que bebía demasiado. Me apoyaba en mis amigos, les llamaba mañana, tarde y noche, a menudo llorando y siempre confusa. Aquel nuevo camino no estaba nada claro. Me sentía como si estuviera avanzando a tientas en la oscuridad, buscando algo en lo que apoyarme. Lo único que sabía (basándome solamente en un sentimiento que notaba muy dentro de mí) era que tenía que seguir adelante. No podía volver atrás.

Durante esa época descubrí en mi interior un espíritu de supervivencia y una fe profunda que hasta entonces ignoraba que existieran. No tuve que escapar a las montañas del Tíbet para descubrirlo: solamente tuve que seguir avanzando, paso a paso, para curarME y encontrarME. No había otro rumbo que tomar, más que el que iba derecho hacia los profundos agujeros abiertos dentro de mí, hacia esos rincones dolorosos y temibles que llevaba tanto tiempo evitando. Así que me metí en ellos, y por fin empecé a restablecerme.

Cuando empecé mi viaje, no sabía nada de «sanación». Mi idea de lo que era sanar tenía que ver únicamente con el plano físico, con ver cómo se arreglaba un brazo roto, por ejemplo, o cómo desaparecía una costra. No tenía ni idea de que nuestro espíritu y nuestro corazón también tienen que sanar. A falta de instrucciones acerca de cómo liberar mi dolor interior, hice algo muy impropio de mí: pedí ayuda. Y, una por una, empezaron a aparecer personas: terapeutas, sanadores, comunidades espirituales, amigos y místicos. Se convirtieron en mi *troupe* de ángeles y me ayudaron a recordar que yo también tengo alas. Me ayudaron a arreglar esas alas para que pudiera volver a volar. Esa *troupe* de ángeles me guió para que viera lo que *podía* suceder, en vez de mirar hacia atrás. Su guía no fue en ningún caso un remedio rápido del que pudiera servirme para ocultar los agujeros que tenía en el corazón y en el alma, pero fue la medicina que necesitaba para restaurarlos. Paso a paso, fui liberándome de las capas y más capas de represión y tristeza que me impedían levantar el vuelo.

Fue entonces cuando la vida empezó a ponerse interesante. Tres meses después de emprender el camino hacia la sanación, no sólo estaba aprendiendo por fin a quererME, sino que, por «casualidad», conocí también a otra persona: al hombre que se convirtió en mi maestro más influyente, en mi mejor amigo y en mi marido. Es fácil imaginar que, habiendo pasado tan poco tiempo desde el acontecimiento más desolador de mi vida, no estaba buscando una nueva relación de pareja ni estaba preparada para ella. ¡Me había jurado a mí misma no salir con nadie en un año, por lo menos!

Pero allí estaba él, aquel hombre de metro noventa, calvo y guapo, llamado Noah, que me puso una sonrisa en los labios y llenó mi corazón de ternura. Ahora sé que nuestro encuentro no fue casualidad. Noah era lo que yo llevaba pidiendo (suplicando) en mi pareja años antes de la ruptura de mi noviazgo. Mi error había sido intentar *convertir* a mi ex en lo que no era. (Uso el término *ex*, en vez *ex pareja* porque mi antiguo novio y yo nunca fuimos de verdad una pareja.) En el fondo sé que, después de que acabara nuestra relación, cuando tomé la decisión de elegirme a MÍ misma, el universo no perdió ni un instante: enseguida me brindó el compañero que de verdad deseaba.

Salir con Noah fue una parte muy importante de mi proceso de recuperación. Aprendí lo que podía ser una relación amorosa sana, en contraposición a lo que me habían inducido a creer los medios de comunicación y mi propia observación de las relaciones de mis amistades y familiares. Comprobé de primera mano que una relación podía ser satisfactoria para ambas partes y aun así permitir ser yo por entero y constantemente. Por primera vez en mi vida experimenté el amor incondicional. Aprendí a dejar que mi corazón se abriera sin miedo a que lo pisotearan.

Suena de maravilla, ¿verdad? Me alegra poder decir que la realidad es tan bonita como la historia que acabo de contar. Hoy en día tengo una relación amorosa sana con un hombre que es mi compañero en todos los sentidos de la palabra. No es una relación perfecta, naturalmente, pero la perfección no es nunca una meta asequible. Para mantener una relación de pareja hace falta práctica, compromiso y voluntad de profundizar, por parte de los dos. A lo largo de nuestro noviazgo, hubo ocasiones en que pensé que lo nuestro no iba a funcionar. Hubo veces en que intenté, de hecho, que no funcionara porque no podía asimilar todo el amor y la felicidad que me brindaba mi pareja. ¿No es de locos? Hubo momentos en que dudé de la voluntad de Noah de seguir cambiando y madurando. Nuestra relación podía haberse convertido fácilmente en un embrollo codependiente en el que yo me apoyara en él para restañar las heridas supurantes que me había dejado mi ruptura. Únicamente con el mutuo compromiso de ambos de ser conscientes de nuestros problemas y defectos como individuos y de intentar superarlos hemos podido mantener un cariño y un respeto profundos el uno por el otro. En esta relación, nunca me he perdido a mí misma. Al contrario, he encontrado más de lo que ya estaba ahí.

Debido a las experiencias tremendas y liberadoras de mi viaje de curación y descubrimiento, el deseo de compartir mi historia y la sabiduría que había hallado se convirtió en mi principal estímulo para escribir *Antes yo que nosotros*. Había visto a demasiadas mujeres a las que quiero conformarse con menos porque creían que el tipo de pareja que querían no existía o porque, desgraciadamente, no habían aprendido a quererse a sí mismas antes que nada. En realidad, la posibilidad de encontrar un verdadero compañero, una verdadera pareja, sólo se da cuando elegimos creer que estas cosas empiezan con nuestra relación con el propio yo.

Gracias a mi viaje, aprendí que, si somos sinceras con nosotras mismas y abordamos la vida con fe y con valor, podemos tener las relaciones que deseamos. Siete años después de emprender mi camino hacia la sanación, no sólo tengo la relación conmigo misma y con mi pareja que quiero, sino que también llevo una vida llena de aventuras y de realidades que antes nunca había imaginado. Sé lo que es posible, y sueño con que cada mujer imagine (y encuentre) esa misma sensación de posibilidades ilimitadas para sí misma. Lo único que se interpone en nuestro camino somos nosotras mismas. Mi esperanza al compartir mi historia y mis experiencias es contribuir a demoler los límites que se interponen en tu camino, para que puedas hacer tuyas las infinitas posibilidades que te están esperando.

¡Estás invitada!

*E*stoy contentísima de que hayas aterrizado aquí, al principio de nuestra aventura juntas, una aventura pensada para llevarte de viaje hacia el interior de ti misma. Este libro y la aventura que estás a punto de emprender te ayudarán a crear relaciones más sanas y satisfactorias, pero una cosa debe quedar clara: este libro trata únicamente de ti, porque ahí es donde empiezan todas y cada una de tus relaciones. Aunque se te pedirá que te plantees cuestiones acerca de tus relaciones y de tu pareja, estas páginas no son un libro de ejercicios sobre el que debatir con tu media naranja. No van a ayudarte a prolongar una relación ya caduca. Ni siquiera te ayudarán a pescar a un hombre en diez fáciles pasos. A lo que este libro puede ayudarte es a descubrir más de tu verdadero yo y a acogerlo con los brazos abiertos, para que puedas tomar decisiones sobre tus relaciones de pareja y al mismo tiempo pensar, ante todo, en cuidar la relación más importante de tu vida: la que tienes *con-*

tigo misma. Aunque ninguna otra relación debería importar más que ésta, la mayoría de las mujeres pensamos y actuamos a la inversa.

Desde que nacemos se nos enseña a mirar fuera de nosotras mismas en busca de respuestas, aprobación y conexión con el mundo. Se nos condiciona para que pensemos primero en los demás: en nuestros maridos, en nuestros novios, hijos, padres, trabajo y amigos. Aprendemos inconscientemente a creer en cuentos de hadas y nos pasamos la vida intentando recrearlos. Programadas para edificar el sueño americano (estudios universitarios, un buen trabajo, boda, hijos y jubilación), tratamos de ceñirnos a su camino lineal y estereotipado. Si algo no sucede cuando «se supone» que debe suceder, si nuestro reloj biológico hace tictac y no tenemos un hombre a nuestro lado, o si perdemos alguna otra cosa, sentimos que hemos fracasado. Con la presión del tiempo y la sociedad a nuestras espaldas, muchas de nosotras no nos detenemos ante nada con tal de conseguir la pieza que nos falta, a menudo conformándonos con menos de lo que de verdad deseamos.

Si queremos una vida mejor que esa versión cortada con molde que ha hecho infelices a las mujeres durante décadas, debemos estar dispuestas a desprendernos de las ilusiones que hemos construido y a responsabilizarnos de las circunstancias que nosotras mismas creamos. En ello reside tanto la invitación como el desafío de este libro: en conocerte a ti misma. En quererte. En confiar en ti. En primer lugar. Y luego pensar en ÉL y en NOSOTROS, sin conformarse nunca con menos de lo que desean tu corazón y tu alma. Repasémoslo otra vez:

> La invitación de antes YO que NOSOTROS: conocerte a ti misma. Ser sincera contigo misma. Quererte. Confiar en ti. En primer lugar. Y luego pensar en ÉL y en NOSOTROS, sin conformarse nunca con menos de lo que desean tu corazón y tu alma.

Nuestro viaje juntas te ofrece la posibilidad de encontrar nuevas reflexiones, nuevas perspectivas, nuevas opciones respecto a ti misma y a las relaciones que has creado. Sin embargo, sólo será gratificante hasta donde tú quieras que lo sea. Tu compromiso y tu arrojo determinarán lo lejos que llegues. Permíteme decirte desde el principio que esta expedición no es una estancia en un hotel de cinco estrellas muy pijo. Para emprender esta aventura, hay que calzarse unas buenas botas (pueden ser de diseño, si quieres). Habrá lugares a los que te cueste acceder, tramos que te cueste superar y que te asusten un poco. Pero también hay destinos llenos de vida, amor e infinitas posibilidades que pueden catapultarte a lugares donde una puede hacer suyas las relaciones y la vida que de verdad desea diciéndose «¡Sí!» a sí misma, en primer lugar.

Poco importa que en este momento tengas una relación de pareja o no. Todas las mujeres (al margen de que estén casadas, tengan pareja desde hace años, vivan con alguien, salgan con chicos o estén solas) pueden beneficiarse del hecho de explorar su propio ser y sus deseos, da igual lo que ya tengan o lo que crean buscar en un hombre. La única razón para negarse a realizar esta exploración es el miedo a lo que una pueda encontrar. Y, seamos sinceras, el hecho de que no te guste lo que veas no hará que sea menos verdad. Tienes que quererte a ti misma lo suficiente para ver con lucidez lo que es verdaderamente esencial para ti.

Escribí este libro desde la perspectiva de una mujer heterosexual que tiene relaciones de pareja con hombres. Aunque creo absolutamente que *Antes yo que nosotros* es un libro idóneo para todas las mujeres, en algún momento tuve que optar por un pronombre y ÉL ha sido siempre mi referente en el terreno amoroso. Sean cuales sean tu estilo de vida y tu orientación sexual, si eres una mujer que quiere explorar, descubrir y quererte más a ti misma, que está dispuesta a liberarse de creencias destructivas y limitadoras y quiere una vida que refleje su YO más verdadero y esplendoroso, éste es un viaje que merece la pena emprender. Lo único que se necesita es una respuesta afirmativa a la invitación a conocer, amar, confiar y ser sincera contigo misma antes de pensar en el ÉL y el NOSOTROS, sin conformarte nunca con menos de lo que anhelan tu corazón y tu alma.

El camino hacia el descubrimiento: unas cuantas provisiones para el viaje

Para prepararnos para el camino, y porque soy una guía responsable y de toda confianza en este viaje, quiero asegurarme de que lleves todo el equipo necesario. Por suerte, un viaje de esta índole no requiere mucho equipaje, lo cual siempre es un alivio para aquellas que tendemos a cargar demasiado la maleta, sobre todo porque en este viaje cada una tiene que llevar la suya. Voy a pedirte que te plantees cinco puntos, todos ellos esenciales para sacar el mayor provecho al tiempo que pasemos juntas.

- Actitud
- Verdad

- Intuición
- Valor
- Deseo

Actitud

Lo que extraigas de los siguientes capítulos dependerá en gran medida de tu actitud. Si eres abierta y receptiva, ésta será una expedición de descubrimiento con la posibilidad de ahondar en los aspectos más profundos y vulnerables de tu corazón y tu espíritu. En cambio, si te cierras a ideas nuevas o distintas, te perderás gran parte de la experiencia que podría ser. Naturalmente, puede que te encuentres con alguna inspiración de vez en cuando, pero nada de lo importante se te quedará grabado. Puedes decirte: «Voy a leerme este libro volando» o «Voy a emprender este viaje que me propone este libro y a retarme a mí misma a ahondar más en MÍ». Elige ahora: ¿un agradable paseo por el parque, o una aventura con la posibilidad de cambiar tu vida?

Verdad

No salgas de casa sin la Verdad absoluta, no de ésa que se pliega para encajar en tu idea de la realidad, sino la Verdad verdadera y auténtica, la Verdad con uve mayúscula. Por simple que pueda parecer, la sinceridad con una misma es extremadamente difícil de conseguir. Evitamos hacernos preguntas difíciles que exigen respuestas verdaderas. A menudo moldeamos las respuestas para que encajen en nuestra necesidad de confort y seguridad y esquivamos nuestras inseguridades y nuestro dolor.

Esto, sin embargo, tiene que cambiar si queremos crear la vida que afirmamos querer. Puedes estar segura de que, al responder a las preguntas de las páginas siguientes, descubrirás que te engañas a ti misma y tendrás que elegir entre la verdad y la ilusión. Te recomiendo la verdad. Las ilusiones sólo consiguen mantenernos atrapados, anhelando lo que no tenemos, pasando por alto nuestros sueños y necesidades y, a veces, incluso nuestra propia salud. Sé por experiencia que ignorar la verdad no la hace desaparecer. Ni tampoco tergiversarla, ni restarle importancia, ni embellecerla. Deja esas malas costumbres en casa. Hazte el favor de ser totalmente sincera. En este viaje, no hay nadie más que pueda verte. Si no eres sincera al cien por cien, la única perjudicada serás tú.

Intuición

No olvides meter tu intuición en la maleta: esa vocecilla interior, eso que sientes cuando sencillamente «sabes» algo, tu sexto sentido. La intuición es un dispositivo de alarma y un buscador de posibilidades. Ella nunca miente y siempre quiere lo mejor para nosotras. Me gusta referirme a la intuición como a «ella» porque, cuando escucho lo que me dice la mía, es de verdad como mi mejor amiga. Si me da consejos, es porque le interesa una sola persona: ¡yo misma!

Por desgracia, a la mayoría de nosotras jamás se le ocurriría personificar a nuestra intuición porque estamos demasiado alejadas de ella. Yo tardé treinta y un años en descubrir lo que era y quién era en realidad mi intuición. La realidad es que a la mayoría nos enseñan a ignorar o a menospreciar nuestra intuición. Ser racional es fantástico. Dejarse aconsejar por el instinto visceral está bien. Pero ¿dejarse llevar por un sentimiento? Ni hablar.

La buena noticia es que la intuición femenina es fuerte y que, por más que la ignoremos o la disfracemos de otra cosa durante casi toda nuestra vida, nunca se marcha. Siempre podemos recuperar el pleno acceso a ella. Más adelante pasaremos un capítulo entero familiarizándonos con nuestra intuición, aprendiendo a confiar en nosotras mismas como la mejor brújula que puede guiarnos en la vida. Si ahora mismo estáis peleadas o nunca os han presentado formalmente, deja sitio en tu maleta. Vas a tener muchas oportunidades de intimar con ella por el camino.

Valor

Para exprimir al máximo estas páginas, debes estar dispuesta a adentrarte en zonas de tu vida que sabes que existen pero que tal vez no quieras examinar más detenidamente. Puede que pertenezcan al pasado, al presente o al futuro, o quizás a los tres. Piensa en esas zonas como en cavernas que contienen tus miedos, tus inseguridades, tus dudas y tu desprecio hacia ti misma, toda tu colección de pensamientos destructivos. El valor te permitirá avanzar en la oscuridad, hacia las posibilidades que te aguardan al final del túnel.

Durante mi viaje, aprendí que el valor no es la ausencia de miedo: lo verdaderamente valeroso es adentrarse en el propio miedo. El objetivo no es volverse temeraria. Es reconocer el miedo con descaro, salirle al paso y trascenderlo a fin de reivindicar lo que de verdad deseamos. Todas las personas de este mundo tienen miedo. La diferencia está en cómo reaccionamos. Algunas personas se limitan a existir, paralizadas por el miedo, y otras optan por afrontarlo: eligen vivir. En ningún momento de esta expedición se te pedirá que suprimas el sentimiento de miedo. Al contrario, se te animará a ahondar en él.

Por lo general, sólo con dar el primer paso, nos damos cuenta de que nuestros miedos son mucho más grandes dentro de nuestra cabeza que en la realidad. ¿Te acuerdas de *El mago de Oz*? Dorothy y sus amigos temían al Mago hasta que retiraron la cortina y comprobaron que era sólo un hombre. *Tener el valor de retirar la cortina que esconde nuestros miedos puede ser igual de liberador.*

El miedo es una emoción natural que sentimos siempre que nuestra estabilidad, nuestra seguridad o nuestro sentido del ser se ven amenazados. Si seguimos indagando en los aspectos más profundos del «yo», nos damos cuenta de que tenemos elección: podemos atravesar el miedo o podemos esquivarlo. El León Cobarde de *El mago de Oz* encontraba su corazón y su felicidad sólo después de atreverse a afrontar sus propios miedos. Como el León Cobarde, con valor podemos atravesar los miedos que nos mantienen alejadas de nuestros deseos más íntimos. Tú eres la única persona que puede reivindicar la vida que anhelas.

Deseo

Asegúrate de meter en la maleta el deseo de conocerte mejor y quererte más. Si tu única meta al emprender este viaje es casarte, encontrar un novio nuevo o cambiar el que tienes por otro mejor, no te molestes en salir por la puerta. Centrarte en lo de fuera de ti no te traerá la felicidad. Elige ahora mismo convertirte en la persona más importante de este viaje. En los momentos difíciles, cuando flaqueen tu verdad y tu coraje, cuando la lógica amenace con imponerse a la intuición, el deseo irrefrenable de escogerte a ti misma se asegurará de que no te conformes con menos de lo que desean tu corazón, tu mente y tu espíritu.

«Reflexiones sobre MÍ» y «Para profundizar»

A lo largo de los próximos ocho capítulos, voy a pedirte que reflexiones, que ahondes en tu vida y que pienses en cómo las ideas que se plantean en este libro pueden ayudarte a crear la vida y las relaciones personales que de verdad deseas. Sólo si haces tuyos los planteamientos y los consejos que ofrezco en él podrás cambiar algo de verdad. Por ello te sugiero que, junto con los puntos enumerados más arriba, metas también en la maleta una o dos cosas más tangibles: un cuaderno y un bolígrafo, un bloc de dibujo y unos rotuladores o tu ordenador: algo que te sirva para anotar las sugerencias que encuentres.

Las «Reflexiones sobre MÍ» son preguntas, intercaladas a lo largo de los capítulos del libro, que te brindan la oportunidad de reflexionar acerca de cómo un tema concreto puede extrapolarse a ti y a tus circunstancias. Las secciones tituladas «Para profundizar» te ayudan a resumir todo lo que has aprendido en un capítulo concreto y a aplicarlo directamente a tu vida. Ello te permite ahondar en tu conciencia de ti misma y descubrir nuevas facetas de tu ser. Estas secciones pueden incluir una lista de preguntas sobre las que reflexionar, una visualización en la que embarcarse o una promesa personal que hacer. Yo, que he usado esas mismas preguntas y herramientas y las he compartido con amigas y mujeres a las que he conocido a través de mi trabajo como *coach* personal, puedo garantizarte que tienen poder para curar, para brindarte sabiduría y lucidez y hacer que te sientas liberada, entre otras muchas cosas.

Piensa en ellas como en portales que se abren hacia nuevas posibilidades, cada uno de ellos con el potencial de generar en ti una conciencia más honda de tu propia vida. Aborda cada cuestión, cada visualización y cada promesa con ilusión y curiosidad. Imagina que estás cruzando una puerta sin tener ni idea de lo que hay al otro lado. ¿Qué puede haber ahí? ¿Qué es posible?

Aunque no hay nada más importante que conectar con el propio yo, ¿cuándo fue la última vez que te paraste a echarte un vistazo sincero a ti misma? La mayoría lo tenemos pendiente desde hace muchísimo tiempo. Por suerte para ti, este libro está dedicado por entero a ayudarte a vivir y a quererte. Recuerda solamente que, sea lo que sea lo que descubras, no debes replegarte ni pasar apresuradamente a la siguiente pregunta o el próximo capítulo. Quédate y concédete el tiempo necesario para descubrir la verdad.

Si en algún momento las preguntas que te formulo te parecen muy simples, pregúntate a ti misma si de verdad estás tomándote el tiempo necesario y si estás siendo del todo sincera. «¿Estoy haciendo las preguntas como si fueran una tarea que tengo que acabar, en lugar de utilizarlas para encontrar respuestas dentro de mí?» Ojo: si tienes la impresión de que son una «tarea», párate en seco. El objetivo del autodescubrimiento no es cumplir una labor, ni ir tachando una lista de cosas pendientes. No se te puntúa por completar los cuestionarios. Las cuestiones que planteo aquí no son como esos tests de las revistas femeninas que a todas nos encantan en el fondo, en los que hacemos trampas para encajar en la categoría con más puntuación. En este libro no encontrarás respuestas acertadas, ni calificaciones, ni nadie con quien compararte... ni hay nadie más escuchando.

Y, como todo lo demás en este libro, cómo respondas a los cuestionarios depende de ti. Si lo único que buscas en una pareja es un cuerpo cálido que quede bien colgado de tu brazo, que produzca ingresos y que te divierta un poco, adelante: trata estas cuestiones como si fueran un test. Pero si lo que quieres es crear una relación de pareja que te ilumine, encontrar un compañero que vea tu alma, no te queda otro remedio que conocerte y quererte primero a ti misma, y para eso necesitas intimar con tu propio yo. La autoconciencia exige profundizar, con sinceridad y valentía, en ti misma.

Así pues, con la maleta hecha y las botas (¡recias pero elegantes!) bien abrochadas, prepárate para zambullirte en tu primera aventura de profundización:

Para profundizar

- ¿Por qué estás leyendo este libro?
- ¿Qué es lo que funciona bien de verdad en tu vida?
- ¿Qué es lo que no funciona bien y cómo te gustaría que cambiara?
- ¿Quién es la persona más importante de tu vida en estos momentos? Si no eres tú misma, ¿por qué es así? ¿Estás dispuesta a que el YO sea lo más importante?
- ¿Qué puede impedirte acabar este libro? ¿El tiempo? ¿El miedo? ¿Las obligaciones? ¿Alguna otra cosa? ¿Puedes prescindir de ello? Haz una lista de las cosas a las que tienes que decir «sí» y «no» a fin de acabar el viaje que te propone este libro, y luego comprométete a participar de lleno en la aventura.

PRIMERA *Parte*

YO

CAPÍTULO Uno

ConocerME

¿Quién es esta mujer llamada YO?

IR MÁS ALLÁ DE LA IMAGEN PARA LIBERAR A TU VERDADERO YO

Me estremezco al pensar en la cantidad de tiempo que he pasado escuchando a mujeres (y también a mí misma) obsesionadas con encontrar al hombre perfecto, o con cambiar al que no lo es para intentar que lo sea. ¿Y con qué resultado? ¡Un sinfín de horas pasadas al teléfono y demasiadas copas de vino consumidas! Como un disco rallado, nos quejamos, cavilamos y lloramos por los hombres y por nuestro deseo insatisfecho de que nos amen, nos abracen, se casen con nosotras y hagan [dejar un hueco en blanco] por nosotras, con nosotras y para nosotras. Yo misma soy culpable de haber empezado demasiadas frases diciendo: «Ojalá me…»

Toda esa cháchara inútil entre mujeres tiene que acabar. Da igual la cantidad de conversaciones, de botellas de vino o de cubos de lágrimas: la realidad es que nada cambia de verdad si nos limitamos a señalar con el dedo a los demás. NOSO-TROS y ÉL *nunca* cambian hasta que cambio YO. Por más que nos esforcemos, por más empeño que le pongamos, no tenemos absolutamente ningún control sobre nadie, excepto sobre nosotras mismas. Cuanto más nos empeñamos en manipular, en «arreglar» o en salvar a nuestros hombres y nuestras relaciones de pareja, más nos agotamos y nos resignamos, sin sacar nada en limpio a cambio.

Por fortuna hay otra opción disponible, y es llegar a conocernos de verdad a nosotras mismas, y no me refiero a la imagen que presentamos ante el mundo, sino a la manifestación más auténtica del YO. La calidad de nuestras relaciones de pareja, y de todo en la vida, empieza CONMIGO MISMA y no al revés. Al fin y al cabo, al elegir quiénes somos, determinamos también el ÉL y el NOSOTROS. Es tan claro como una ecuación: un YO + un ÉL = dos personas que forman un NOSOTROS.

Nuestras relaciones nos reflejan como un espejo. Si no estamos sanas emocional, mental o espiritualmente, se convierten en reflejos de nuestras heridas. Nuestras parejas reflejan cómo nos sentimos verdaderamente respecto a nosotras mismas. Si no ME respeto, si no ME valoro, tampoco me respetará ni me valorará mi pareja. Si no nos sentimos plenas por dentro, buscaremos una pareja que rellene esos huecos, y tendremos que dar la bienvenida a la codependencia.

Descubrí finalmente esta dinámica tras cobrar conciencia de ese fenómeno universal llamado la Ley de la Atracción. En su forma más simplificada, dicha ley afirma que «los iguales se atraen». Trasladado a las relaciones de pareja, significa que atraemos a personas como nosotras, a hombres que reflejan con exactitud cómo nos sentimos respecto a nosotras mismas.

Si te quieres de verdad, ello se manifestará en un hombre que tenga la capacidad de amar incondicionalmente. Si afrontas la vida como una desdichada víctima de tus circunstancias, encontrarás a un compañero que te ayude a crear esa realidad. Si eres algo intermedio entre el amor propio firme e inquebrantable y el victimismo que se manifiesta en desprecio por una misma, las cosas pueden salirte bien o pueden salirte mal. En efecto, te guste o no, eres responsable al cien por cien de la pareja a la que atraes y conservas. Sólo cambiando tu yo interior puedes transformar tu realidad y tu relación de pareja.

La Ley de la Atracción: los iguales se atraen, así que ¿a qué clase de ÉL atrae tu YO?

¿Qué está pasando dentro de TI?

Afrontémoslo: nadie es perfecto. De hecho, la perfección es una meta inalcanzable y bastante ridícula. Imagínate cuántos problemas nos ahorraríamos si pudiéramos sencillamente rendirnos a nuestras imperfecciones y dejar a los demás con las suyas, y especialmente a nuestras parejas. Ello nos dejaría libres para concentrarnos en la única parte de la ecuación que podemos controlar: YO misma. Todas nuestras relaciones personales empiezan CONMIGO, lo cual nos deja tres opciones:

OPCIÓN 1:
> Un YO insano + un ÉL insano = un NOSOTROS insano

OPCIÓN 2:
> Un YO sano + un ÉL insano = un NOSOTROS todavía insano

OPCIÓN 3:

Un YO sano + un ÉL sano = por fin, un NOSO-
TROS sano

¿Hasta qué punto estás «sana»? Y no me refiero a tu salud física. La salud, en este contexto, no tiene nada que ver con tus pulsaciones cardíacas, ni con tener un currículum impresionante, una cartera de acciones estable, o hacer las cosas «correctas». No se trata de comer alimentos saludables, practicar yoga o hacer unas cuantas sesiones de terapia. Aunque todas esas cosas contribuyen a tener un yo más sano y completo, me estoy refiriendo a una salud emocional, mental y espiritual sólida y real, a una salud que proviene de la profunda aceptación y la conexión con tu ser más auténtico. Hablo de esa especie de soberanía que llevas en el centro de tu ser y que siempre sabe que eres suficiente, con o sin un hombre, del mismo modo que lo eres ahora, en este preciso momento. Es la profunda creencia en que tú sola, por ti misma, formas un todo completo.

A partir de ese punto de salud y plenitud, aceptamos al cien por cien nuestra responsabilidad sobre nuestras vidas y sobre todo lo que hay en ellas, incluidas las relaciones de pareja. Al despertar a nuestro propio yo, a lo que hemos sido y a lo que estamos en proceso de ser, somos capaces de tomar decisiones conscientes. Dejamos de *reaccionar*, dejamos de ser inconscientes e irresponsables respecto al impacto que ejercemos sobre nuestras vidas y empezamos a tomar el control de nuestra existencia. Sólo entonces podemos dejar de conformarnos con menos y dejar de creer que «algo» es mejor que nada. Sólo entonces empezamos a crear las vidas y las relaciones que queremos.

La longitud y el camino de tu viaje individual hacia la salud y la plenitud diferirá del de todas las demás mujeres, pero ten claro que todas hemos de hacer ese viaje. Nadie tiene pase libre. Todas llevamos nuestras heridas. Todas buscamos conocernos más profundamente. Todas debemos asumir un papel activo en nuestra salud emocional, psíquica y espiritual.

Para sentirnos sanas y plenas, en algún momento tenemos que hacer al menos tres cosas, sin ningún orden en particular: uno, debemos despertar a lo que realmente somos, al margen de influencias externas, y abrazar nuestro yo más auténtico: lo mejor, lo peor y todo lo de en medio. Para ello tenemos que ser brutalmente sinceras con nosotras mismas y al mismo tiempo lúcidas y compasivas con nuestro propio ser. Dos, debemos comprometernos a ser y a vivir conforme a nuestro yo más auténtico para el resto de nuestras vidas: la autoconciencia debe permanecer con nosotras para siempre. Y tres, debemos encarar de frente nuestros miedos y nuestro dolor y curarlos para volver a sentirnos plenas.

Antes de que la autoconciencia me diera un sopapo en la cara, gracias en gran medida al trauma que supuso la marcha de mi novio, no me daba cuenta de lo mal que me encontraba y de lo «agujereada» que estaba en realidad. Mi lema vital había sido siempre: «Estoy bien. Todo va bien. No tengo grandes problemas». Si en aquel entonces alguien me hubiera preguntado: «¿Estás sana? ¿Te sientes completa?», sinceramente, habría pensado que esa persona estaba loca. No necesitaba un psiquiatra, y la jerga de la autoayuda no entraba en mi vocabulario. Esforzándome por mantener mi fachada intacta (una vida y una relación de pareja ideales), luchaba por apartar de mí la autoconciencia sirviéndome de las tácticas que mejor conocía: desdén, sarcasmo y soberbia autocomplaciente. A fin de cuentas, «a mí me iba bien».

Sabía, claro está, que tenía algunos asuntos sin resolver, pero vivía ajena a la hondura de mi pena y mis inseguridades. ¿Cómo iba a sospecharlo? Me iba muy bien en la vida: tenía un trabajo estupendo, una casa grande y un anillo resplandeciente. Había señales, naturalmente: demasiadas fiestas, la incapacidad de estar sola, y el acomodarme a una relación de pareja que me hacía infeliz el ochenta por ciento del tiempo. Pero, como muchas mujeres, se me daba de perlas crearme una vida ajetreada que *parecía* exitosa, incluso a mis propios ojos. Tenía que correr tanto que ni siquiera tenía tiempo para cuestionarme mi felicidad, y menos aún para reconocer sinceramente que era muy desdichada. Y puesto que la mayoría de mis modelos de conducta y mis amigos hacían lo mismo, no había nadie que me gritara: «¡Eh, tú, para!»

Que te claven un puñal en el corazón dos horas antes de tu fiesta de compromiso hace cambiar de perspectiva sobre la vida a cualquier mujer, pero no lo recomiendo como plan de acción. Es mucho mejor ser proactiva: optar por asumir la autoconciencia y aceptar al cien por cien la responsabilidad de tu vida antes de que el universo te dé un sopapo. Hacer un análisis serio y fiel de nuestro propio ser, incluyendo nuestros miedos más profundos, no es nada fácil, pero no se puede prescindir de ello si queremos crear la vida y las relaciones de pareja que ansían nuestro corazón y nuestro espíritu.

El resto de este capítulo está dedicado a ayudarte a valorar tu nivel de autoconciencia y de plenitud. El resto de tu viaje (el resto de tu vida, de hecho) ha de empezar aquí. A fin de cuentas, todo empieza y acaba conMIgo.

❤ Reflexiones sobre MÍ ❤

- ¿En qué tipo de ecuación respecto a tu relación de pareja, sana o insana (YO + ÉL = NOSOTROS), te encuentras en estos momentos o más a menudo?
- ¿Qué hay en MÍ que genera esa realidad? ¿En qué sentido estás sana emocional, psíquica y espiritualmente? ¿Y en qué sentido estás «enferma»?
- ¿Qué te gustaría que cambiara?
- ¿Qué estás dispuesta a hacer al respecto? ¿Qué tres acciones puedes emprender para estar más sana?

Autoconsciencia o piloto automático: tú eliges

¿Cuál ha sido tu modo de funcionar preferido? ¿Eres autoconsciente? Es decir, ¿estás centrada en conocerte profundamente a ti misma? ¿Entiendes por qué haces lo que haces y te responsabilizas del resultado? ¿O conectas el piloto automático? O sea, ¿vives ajena a tus propias motivaciones, a tus ansiedades y a las creencias que te limitan, y al hecho de que tus pensamientos y tus temores subconscientes impulsan en un sentido profundo las decisiones que tomas? Puede que estés viviendo en un punto intermedio, tomando a veces decisiones conscientes y otras veces creyendo erróneamente que controlas la situación incluso cuando, de hecho, sólo estás reaccionando a influencias que ignoras por completo. Cabe la posibilidad (a no ser que hayas tomado la decisión consciente de vivir con lucidez) de que, como la mayoría de la gente, funciones principalmente con el piloto automático conectado.

Una de las manifestaciones más corrientes de la vida en piloto automático es salir con el mismo tipo de hombre una y otra vez. Distinto nombre, distinta cara, el mismo bagaje. Todas hemos tenido una amiga (o hemos sido nosotras mismas esa amiga) que rompe con un hombre e incluso se divorcia de él, y al poco tiempo se descubre en la cama con otro que tiene básicamente los mismos defectos. Tal vez el tipo 2.0 era más guapo, ganaba más dinero y no era tan capullo, pero aun así generaba en ella las mismas dolorosas inseguridades, los mismos miedos y las mismas tácticas defensivas. Puede que nuestra amiga saliera ganando ligeramente, pero es muy posible que aún estuviera muy lejos de cumplir sus verdaderos deseos. Demasiadas mujeres, entre las que me incluyo, han atado su corazón y su alma a hombres que no les convenían porque, debido a su ceguera, eran demasiado inconscientes de sus errores para crear algo distinto. Eso, hasta que decidieron cambiar algo dentro de ellas. Hasta que optaron por apagar el piloto automático y empezar a conocerse de verdad a sí mismas.

Dado que, efectivamente, tenemos elección, ¿cómo es que la mayoría de nosotras no sólo prefiere el piloto automático sino que pone todo su empeño en que siga rigiendo su vida? Nos aferramos a nuestros complejos, a nuestros miedos y a nuestro sufrimiento en lugar de zambullirnos en las posibilidades ilimitadas que nos brinda nuestro yo más auténtico. Nos convencemos de que es perfectamente lógico y muchísimo más seguro seguir viviendo con el piloto automático conectado, porque protege nuestro confort y nuestra sensación de seguridad. Es mucho más fácil que afrontar nuestros verdaderos sentimientos. Es mucho más sencillo culpar a otra persona o a otra cosa en lugar de buscar la verdad dentro de mí.

Piénsalo. ¿Cuánta gente infeliz conoces que vive penosamente ciega al papel que juega en su propia infelicidad? Aunque a ti te parezca evidente lo que pasa, por más consejos que le des a esa persona, no cambia, y sus errores autoinfligidos siguen reproduciéndose una y otra vez. Y, seamos sinceras, todas nos hemos encontrado en esa situación: nos hemos aferrado a unas circunstancias o a una relación, incapaces de ver la verdad sobre nosotras mismas y sobre los demás implicados, incapaces de pulsar el interruptor para cambiar de piloto automático a conciencia de una misma.

Mi fase piloto automático duró quince años: lo que duró mi relación con mi ex novio (no fue una coincidencia). Nuestros «puntos ciegos» se ajustaban como un guante y, juntos, nuestros YOES insanos crearon una relación muy poco saludable: Christine insana + ÉL insano = NOSOTROS extremadamente insano. Para mí, el piloto automático era una herramienta de supervivencia imprescindible: me permitía negar las muchas facetas en las que nuestra relación no funcionaba, que era el único modo que tenía de conservar la cordura y de seguir relacionándome con él. Me permitía esquivar lo que, en un plano inconsciente, me empujaba a negarme tercamente a dar por terminada nuestra relación: mis propios dolorosos agujeros y la inquietante realidad de que, sin saberlo yo, intentaba recrear (y reparar) la relación disfuncional de mis padres.

No es de extrañar que me esforzara tanto por seguir viviendo con el piloto automático puesto y dentro de ese NOSOTROS enfermizo. Los paralelismos con la relación de mis padres eran asombrosos. Al igual que ellos, había creado una relación de pareja que consistía en dos personas muy desunidas que vivían en la misma casa. Arreglar los problemas de ira y depresión de mi pareja fue mi forma de emular los esfuerzos de mi madre por que mi padre dejara de beber. Mi relación, al igual que la suya, estaba desprovista de afecto físico y buen humor. Y allí estaba yo, metida en una relación que yo misma había elegido y en la cual me sentía penosamente sola y ansiosa de amor, igual que mis padres. Lo que más me impresionó no fue haber recreado la relación de pareja de mis padres, sino haber vivido ajena a su influencia sobre las decisiones que había tomado. Había estado ciega a mis propias motivaciones.

Cuando vivimos con el piloto automático permanentemente conectado, no tenemos ni idea de lo que de verdad está influyendo en nuestras decisiones y dirigiendo, en último término, nuestras vidas, porque la mayoría de nuestras motivaciones y elecciones proceden de influencias subconscientes. Fundamentamos la mayor parte de nuestras decisiones en ideas y creencias que hemos aprendido de personas que no son, o no eran, del todo sanas y completas. Nuestras decisiones están condicionadas por las presiones tácitas de la sociedad, los padres, los familiares y los amigos, hasta que decidimos desprendernos de ellas y distinguir nuestra propia voz de la suya.

En algún momento de su viaje personal, toda mujer debe separarse mental, emocional y espiritualmente (a veces incluso físicamente) de esas influencias. Aunque pueda sonar a frase hecha, debemos encontrarnos a nosotras mismas: nuestras creencias, nuestros sueños, la huella única y singular que dejamos en el mundo. Sólo entonces podemos tomar decisiones conscientes sobre nuestras vidas y elegir basándonos en lo que de verdad se aviene con nuestro corazón y nuestra alma. Sólo entonces podemos cosechar los beneficios de la autoconciencia y de la responsabilidad.

♥ Reflexiones sobre MÍ ♥

¿QUÉ ELIGES?

- ¿Cuál ha sido tu forma principal de funcionar: el piloto automático o la autoconciencia? Piensa en tus relaciones con tus parejas, amigos y familiares, y en tu manera de relacionarte con tu carrera profesional.

- De pequeña, ¿qué pautas o situaciones viviste con tu familia, con tus amigos y en tu entorno? ¿Cómo se manifiestan esas pautas en tus relaciones de pareja?

- ¿Qué miedos y creencias limitadoras permites que rijan tu vida? Piensa en un momento en el que el miedo te impidió hacer algo que querías de verdad: aceptar un empleo nuevo, por ejemplo, mudarte, unirte a un grupo, hablar en público o escribir un libro. ¿De qué tenías miedo? ¿Qué peligros percibías? ¿Eran reales esos peligros? ¿Hasta qué punto te ha impedido el miedo llevar la vida que de verdad querías?

- Piensa en las últimas tres grandes decisiones que has tomado. ¿Cuáles eran tus temores relacionados con ellas? Anota los miedos como si tuvieran voz y te estuvieran hablando: por ejemplo, «Te vas a arruinar si intentas eso» o «¿Y si pasa [inserta un miedo concreto]?» ¿De dónde proceden esos miedos: de tus padres, de tus amigos, de tu entorno social, de experiencias anteriores?

- ¿Estás dispuesta a comprometerte conscientemente desde hoy, ahora mismo, a elegir la autoconciencia? Si es así, ¿qué cambios debes hacer dentro de ti para cumplir esa promesa?

Conoce tus agujeros y repáralos

Lo mejor de comprometerte a conocer tu verdadero yo y a comprender tus motivos y tus creencias es que amplía tu capacidad para ver los miedos y las heridas dolorosas que, sin saberlo, estás permitiendo que rijan tu vida. Cuando eres consciente de tus agujeros, adquieres de verdad el potencial de restablecerte y de volver a ser una persona completa. Todo esto queda más claro recurriendo a una visualización. Saca a pasear tu imaginación y visualiza lo siguiente:

Imagínate de pie delante de una gran rueda de queso chédar, todo suave y anaranjado. Dile hola al queso. ¡Ese queso eres tú! Sí, te estoy pidiendo que pienses en ti misma como en un queso: recuerda que estamos jugando. Descuida: no tienes que oler como un queso, sólo ser tan suave como una rueda de chédar. Esa rueda cremosa y maciza te representa como eras en el momento de tu nacimiento: un todo completo.

Ahora adelanta tu vida a toda velocidad, como si fuera una película, y fíjate en que, a medida que acumulas años y experiencias, el queso cambia. Su color comienza a desvanecerse, del naranja brillante al amarillo claro, y en la superficie intacta empiezan a aparecer agujeritos. Tu terso chédar se ha transformado en un pedazo de queso suizo lleno de cráteres. Esos agujeros representan las heridas que has sufrido a lo largo de tu vida, las veces en que han herido tus sentimientos, los acontecimientos que te han producido tristeza o vergüenza, y las situaciones de dolor físico o emocional que has soportado. ¡Y todos los tenemos! No hay una sola persona viva que no esté «agujereada». La cuestión es qué decides hacer con tus agujeros. Algunos decidimos repararlos y convertirnos en un todo completo otra vez, mientras que otros siguen así año tras año, llevando una existencia enfermiza y agujereada.

Por desgracia, la mayoría de nosotras decide ignorar sus agujeros hasta que el universo nos los hace ver de golpe, mediante algún acontecimiento que cambia nuestras vidas: una muerte, la pérdida de un trabajo, una ruptura, la ruina económica o un revés de salud. Hay una larga lista de técnicas de las que se sirve el universo para llamar nuestra atención y evitar que sigamos ignorando esos agujeros abiertos de par en par. Eso no impide, sin embargo, que muchas de nosotras intentemos con todas nuestras fuerzas mantener escondidos nuestros agujeros, dado que, a fin de cuentas, tenemos a nuestra disposición miles de opciones para lo que yo llamo «rellenar agujeros».

¿Cuál es tu actividad preferida para rellenar agujeros? ¿Las relaciones de pareja dañinas que distraen tu atención para no tener que centrarte en ti misma? ¿Las adicciones duras como el alcohol, la nicotina o el juego? ¿Las adicciones blandas como las compras, la comida o la televisión? ¿Una vida ajetreada, un trabajo absorbente que no te permite parar, detenerte o sentir? Todos las tenemos, queramos reconocerlo o no. No hay que avergonzarse de esas estrategias de diversión. Qué demonios, somos seres humanos a fin de cuentas y hay toda clase de tentaciones que nos acechan y nos impiden mirar hacia dentro en busca de respuestas. Sin embargo, el hecho de que tengas siempre a mano tu actividad favorita para rellenar agujeros no significa que tengas que servirte de ella. Nos debemos a nosotras mismas el comprometernos a sanar, en vez de rellenar huecos.

Antes de mi despertar, yo era lo que podría denominarse una taponadora profesional de agujeros. Mis preferencias para esquivar la realidad incluían una relación de codependencia, alcohol, nicotina y una carrera profesional muy ajetreada y exitosa que no me dejaba tiempo para sentir de verdad mis emociones. Todos esos rellenos eran tremendamente atractivos, eficaces y destructivos. El que funcionaba mejor para tapar agujeros era, sin embargo, mi ex novio, y cuando se retiró de algunas heridas muy hondas que yo había estado evitando, todos y cada uno de mis traumas quedaron al descubierto. Aunque en aquel momento no fuera consciente de ello, si me había esforzado tanto por que nuestra relación funcionase, no fue por «amor imperecedero» por aquel hombre. Fue porque necesitaba que rellenara mis heridas. Desprenderme de él supuso afrontar el intenso dolor emocional que le habían causado a mi alma grandes acontecimientos como la muerte de mi padre y el asesinato de una gran amiga, así como las heridas menos escandalosas, como mi sentimiento de soledad y mi miedo al abandono, que en resumidas cuentas eran mucho más profundas y dolorosas.

Mientras estuve con él, la idea de estar sin él me parecía mucho más dolorosa que sentir un poco de infelicidad o la insatisfacción de no poder cumplir algunos sueños, y estuve dispuesta a pagar ese precio. A cambio de una relación insatisfactoria, tenía un hombre a mi lado que me ayudaba a sentirme segura, querida y cuidada, cosas que no sabía hacer por mí misma. Nuestra relación se convirtió en un relleno para agujeros que tapó mi intenso anhelo de cariño y amor incondicionales, lo cual resulta paradójico porque de él nunca recibí ninguna de esas dos cosas.

Con el paso de los años, he tenido que perdonarme por las veces en que estuve a punto de desconectar el piloto automático y me faltó valor para hacerlo y voluntad para llegar hasta el final. Hubo ocasiones en que empecé a sacar el relleno de mis agujeros: durante nuestras numerosas rupturas temporales, durante mi incursión inicial en el budismo, durante mis intentos de dejar de fumar, o mis dos sesiones escasas de terapia. Pero nunca tuve valor suficiente para meterme de lleno en mi dolor, para comprenderlo y curarlo. Sólo después de que me dejara, cuando yacía bajo los escombros de mi vida, pude por fin afrontar mis miedos y mis traumas. Muchas de nosotras estamos atrapadas en este ciclo infinito en el que tenemos momentos de valentía y empezamos a adentrarnos en la vida que de verdad queremos, y luego nos asustamos y damos marcha atrás. No soportamos el dolor de mirar los agujeros o la realidad de nuestras vidas, así que nos replegamos a nuestras circunstancias infelices o enfermizas, que nos parecen más llevaderas. Por fin, sin embargo, ocurre algo, normalmente algo mucho más doloroso, que nos impide dar marcha atrás.

Uno de los motivos por los que escribí este libro fue ofrecer a las mujeres una alternativa al intenso sufrimiento que sobreviene cuando evitamos encarar la verdad durante demasiado tiempo. Puede que el dolor sea obligatorio en esta vida, pero el sufrimiento es optativo. Si elegimos afrontar lo que más nos asusta antes de que algo o alguien nos obligue a ello, el dolor se vuelve más manejable y se hace posible trascenderlo. No sé tú, pero yo, por mi parte, prefiero evitar por completo la profunda desesperación de ese pozo que es el sufrimiento. Y aunque no siempre sea fácil elegir no sufrir, podemos al menos optar por sufrir el menor tiempo posible. Como estrategia vital, la actitud que consiste en decirse: «¡Ay, eso duele! Que pare y sigamos adelante» es mucho mejor que la que puede resumirse en «¡Ay, eso duele! Voy a seguir hurgando, a ver si siento un poco más de dolor».

Naturalmente, es comprensible que nos esforcemos tanto por evitar la verdad, que prolonguemos relaciones de pareja más de lo que nos conviene o que permitamos que el miedo a estar sin el hombre que tapa nuestros agujeros (y no me refiero al sexo) pese más que el dolor que podría causarnos su marcha. Pero comprenderlo no equivale a aceptar que esté bien. Cada una de nosotras se debe a sí misma la capacidad de reconocer que puede curarse sola, que ni el amor ni el apoyo de otra persona, por grandes que sean, pueden devolverle su plenitud. Una debe reconocer que rellenar sus agujeros en lugar de repararlos genera relaciones de pareja que la hacen dependiente de un hombre para conseguir amor, en lugar de depender únicamente de sí misma, la única persona con la que puede contar. No quiero decir con ello que el amor de los otros sea innecesario, porque todo ser humano necesita amor. Sencillamente, tiene que venir primero de MÍ. Para crear una relación de pareja sana, debemos estar «libres de agujeros». A fin de cuentas, la vida es un viaje de sanación constante. Debemos, en todo caso, conocernos a nosotras mismas con honestidad y curar nuestras mayores heridas antes de poder tomar decisiones sanas y conscientes respecto a ÉL y a NO-SOTROS.

♥ Reflexiones sobre MÍ ♥

- Reflexiona sobre tu vida y contesta a dos preguntas: ¿Cuáles han sido las experiencias realmente duras? ¿Qué es lo más doloroso del hecho de ser tú: que te cueste hacer amigos, que te hayas mudado muchas veces, que hayas sido una niña torpona, que tus padres hayan estado siempre muy ocupados, haber sufrido acoso escolar o alguna otra experiencia? Piensa en todas tus décadas de vida y anota las principales circunstancias o hechos que experimentaste en cada periodo y que te hacen exclamar: «Uy, eso dolió» o «Caray, eso sí que fue duro». Explica por qué te dolió o por qué fue difícil. No tienen por qué ser traumas graves, aunque quizá lo sean. A veces, los menos evidentes son los que causan más sufrimiento.

- Repasa lo que has escrito. ¿De qué te has curado? ¿Cómo han afectado esas experiencias a tus decisiones vitales y a tus relaciones de pareja? ¿Cuáles siguen siendo agujeros? ¿Qué efecto ha tenido que no curaran?

- Piensa en tu vida en general. ¿En qué vertientes de tu vida estás tan atareada haciendo cosas que acabas por esconderte de la verdad y evitar tus sentimientos? ¿Hasta qué punto está tu vida llena de actividades y centrada en logros externos? Y en ello incluyo todo, desde el trabajo al tiempo de socialización, pasando por navegar por la red o ver la tele, cualquier cosa menos quedarte a solas con tus sentimientos y tus reflexiones. ¿Te sientas alguna vez tranquilamente, con los ojos cerrados y sin distracciones, y reparas en tus sentimientos y luego te permites sentirlos por completo? ¿Por qué lo haces? ¿O por qué no?

- ¿Qué emociones y sentimientos (desde la infancia a la edad adulta) has estado reprimiendo? ¿En qué sentido te impide esto conseguir lo que quieres?

- ¿Sigues resentida o enfadada con alguien, incluida tú misma? ¿Qué agujeros ha creado ese sentimiento? ¿Cómo cambiaría tu vida si repararas esos agujeros desprendiéndote del resentimiento y perdonando lo sucedido?

Para profundizar

¿SÉ DE *VERDAD* CÓMO SOY Y LO QUE QUIERO?

Ninguna mujer debería recorrer el camino hacia el altar o embarcarse en otros compromisos de por vida hasta que sea capaz de contestar con un «¡Sí!» a la pregunta «¿Sé de verdad cómo soy y lo que quiero?», sinceramente y con total convicción. Por desgracia, muchas de nosotras anhelamos el anillo de compromiso, forzamos una petición de matrimonio y hasta nos casamos antes de tener una idea clara y bien fundada de cómo somos y de lo que queremos en la vida. De niñas empezamos a soñar con príncipes azules, bodas y matrimonio. Cuando maduramos y nos hacemos adolescentes o superamos la veintena, esos sueños se convierten en metas y, para algunas, en obsesiones. Y aunque el matrimonio puede ser una experiencia enriquecedora y maravillosa, hay un paso crítico previo que con excesiva frecuencia solemos saltarnos: aprender a conocer, a valorar, a amar y a confiar primero en nosotras mismas y descubrir los sueños que llevamos dentro, al margen de lo que pueda querer otro ser humano.

El camino del autodescubrimiento no exige el celibato, ni renunciar a las relaciones con hombres. De hecho, los lazos íntimos pueden ayudarnos a crecer y a aprender sobre nosotras mismas cosas que no aprenderíamos si estuviéramos solas. Pero los compañeros no tienen por qué convertirse en maridos. Podemos estar solas, tener novios, amantes o vivir con alguien, y al mismo tiempo ahondar en nuestro vínculo con nuestro propio yo. Con independencia del camino que elijamos o de los hombres que entren y salgan de nuestras vidas con el paso de los años, debemos dedicar tiempo a explorar la vida sólo por MÍ misma, volvernos autoconscientes, reparar nuestros agujeros, desvelar nuestras esperanzas y descubrir quiénes somos por debajo de toda nuestra historia, nuestras expectativas y las presiones de nuestro entorno. Sólo entonces podemos conocer de verdad qué clase de vida queremos forjar y el tipo de pareja que puede apoyar y mejorar esa visión. Al comprendernos a nosotras mismas, estamos mejor equipadas para reconocer a la pareja con la que mejor congeniamos.

Si bien no hay una edad predeterminada a la que nos conozcamos lo suficiente para comprometernos en una relación a largo plazo, según mi experiencia para la mayoría de nosotras esa edad llega algún tiempo después de cumplir los treinta. Así fue, desde luego, en mi caso y en el de mis amigas. Casadas, comprometidas o sin pareja, en la veintena la mayoría de nosotras llevaba aún el piloto automático activado y creía que lo tenía todo clarísimo. En realidad, no teníamos ni idea. Al echar la vista atrás, veo que los años entre la adolescencia y los veinticinco fueron una época para explorar y cometer errores sin rendir demasiadas cuentas (ilegalidades aparte). Intentando demostrar que éramos adultas, seguíamos siendo crías en lo relativo a la autoconciencia y la curación de nuestras heridas. Más o menos en torno a los veintisiete años, nuestros ojos empezaron a abrirse y a ver que la vida era algo más de lo que pensábamos en un principio. Pero no fue hasta los treinta cuando la mayoría comenzamos a aceptar plenamente todos los aspectos de nuestra vida. Aunque nuestro despertar y nuestro proceso de sanación se había iniciado por fin, a muchas nos costó al menos un par de años alcanzar un nivel de intimidad suficiente con el centro de nuestro ser.

Piensa en tu propia vida, tengas la edad que tengas. ¿Hasta qué punto te conoces mejor hoy que hace cinco años? El hecho es que, aunque seguimos descubriendo cosas sobre nosotras mismas toda nuestra vida, hay periodos clave de formación y autodescubrimiento durante los cuales es un error asumir compromisos de por vida como el matrimonio. ¡Yo elegí a mi primer marido potencial a los quince años! A los treinta, cuando me pidió que me casara con él, mi ideal de hombre había cambiado mucho. Pero allí estaba él, y parecía que debíamos casarnos. Era el siguiente paso lógico.

Muchísimas de nosotras sucumbimos a las presiones de nuestro entorno y nuestra familia, que nos meten prisa para que consigamos un buen trabajo, encontremos novio, nos casemos y tengamos hijos. Cuando tenemos novio, la pregunta es siempre la misma: «¿Cuándo os casáis?» Cuando te casas, la pregunta es: «¿Para cuándo los niños?» Es un milagro que, cuando nos jubilamos, no nos pregunten: «Entonces, ¿cuándo te mueres?» Como cultura, estamos tan obsesionados con el lugar adonde nos dirigimos que no podemos estar a gusto donde estamos. Y esta tendencia tan poco saludable ha hecho que demasiadas mujeres se precipiten a aceptar compromisos mucho antes de conocerse a sí mismas.

La historia de Carli

Mi querida amiga Carli es una de esas mujeres que se dio demasiada prisa en comprometerse. A los veinticuatro años se casó con el hombre con el que había empezado a salir estando en el último curso del instituto. Después de la universidad, se trasladaron juntos a Chicago, pero vivieron separados hasta un año antes de que David le hiciera la gran pregunta. Para Carli, vivir juntos antes de casarse era un gran paso, no porque a ella le importara, sino por lo que pensarían sus padres. Joven e insegura, Carli sentía que su opinión importaba muchísimo. Así que, cuando Dave y ella empezaron a vivir juntos, el siguiente paso lógico era el matrimonio.

Lo que puede parecer una petición de matrimonio muy romántica (vacaciones, playa, puesta de sol) resultó ser uno de los peores días de la vida de Carli. Ahora reconoce que, cuando su futuro marido, Dave, se puso de rodillas y sacó un anillo con diamantes, lo que de verdad sintió fue el impulso de decir: «¡No! No quiero casarme contigo». Aunque ella no lo sabía en aquel entonces, era su intuición la que gritaba. En aquel momento no tenía ni idea de que tenía intuición: sólo sabía que sentía una enorme presión para casarse con aquel chico. Era el siguiente paso que había que dar. Pero en lugar de expresar sus dudas, ni siquiera ante sí misma, acalló su voz interior y se dejó llevar por el miedo a lo que pensaría la gente si no se casaba con el chico con el que llevaba seis años saliendo. Carli dijo sí. Un año después se casaron. Y seis años después se divorciaron.

Recuerdo a Carli, al principio de su compromiso, como a una joven brillante, insegura y muy guapa; lista e ingenua a la vez; ambiciosa y totalmente ignorante de cómo era en realidad. Cuando me enteré de que iba a casarse, en lugar de felicitarla, como es costumbre, y de pasmarme ante su anillo, le pregunté a Carli por Carli, porque me importaba *su* felicidad. Yo sólo tenía veintisiete años, acababa de empezar a despertar y quería saber si *de verdad* lo que quería era casarse con Dave. Me dijo que sí. Le conté mi teoría sobre casarse antes de los treinta y darte tiempo para conocerte primero a ti misma. Me dijo: «Dave y yo somos distintos a otras parejas. Sólo tengo veinticuatro años, pero es lo que quiero». No la creí, pero respeté su decisión. Estuve en su boda y fui la primera persona con la que habló de su decisión de divorciarse de Dave, incluso antes de decírselo a él.

Más o menos un año antes de cumplir los treinta, Carli, que se había convertido en una ejecutiva curtida y ya no era ni ingenua ni insegura, al menos en el terreno profesional, no podía seguir manteniendo su matrimonio. No alimentaba su alma apasionada. Dave y ella llevaban dos vidas completamente distintas, y ella se sentía sola. A él le encantaba salir a conciertos con sus Levi's y sus botas de combate, y a ella le gustaba cenar en restaurantes caros y ponerse sus zapatos Gucci nuevos. La familia de ella los llevaba de vacaciones a España. La de él nunca había salido de su ciudad. Aunque a los dos les gustaba viajar y tenían buenos trabajos en el mismo campo, se peleaban como si fueran hermanos, zahiriéndose como si tuvieran catorce años. En su matrimonio no había intimidad, ni amistad, ni conexión sexual, y el espíritu de Carli no podía seguir aletargado por más tiempo.

Durante los años posteriores a su divorcio, tras sufrir mucho, recuperarse y ahondar en su alma, Carli comenzó a florecer hasta convertirse en una mujer brillante. Siempre ha tenido mucho éxito en su trabajo, pero ahora se está manifestando como una persona que ha alcanzado su pleno desarrollo, viva, libre y apasionada por expresar su espíritu rebosante de energía. Ha salido de la caja que era su matrimonio. Se liberó y pudo recorrer el camino del autodescubrimiento, encontrar la magia de su propio ser y compartirla con el mundo. La Carli de hoy en día (segura de sí misma, autoconsciente y en camino de recuperar la salud) jamás habría elegido a Dave como pareja. A Dave lo escogió una niña asustada que se encontraba por primera vez sola en una ciudad nueva. Y, sin embargo, a la tierna edad de veinticuatro años, ella creía conocerse bien. Había sido muchísimo menos doloroso seguir *saliendo* sencillamente con Dave.

Con independencia de la edad que tengas, el mensaje es el mismo: nunca tomes una decisión para toda la vida antes de poder decir: «Sí, me conozco. Soy sincera conmigo misma. Y me quiero y confío en mí». Ponte el reto de pensar más allá de lo que te dicen que debes pensar tu familia, tus amigos o tu entorno social. No vivas a ciegas tu vida, conforme a lo que es «normal» o «aceptable», ni tomes decisiones vitales basadas en lo que parece que debe ser el siguiente paso lógico o en el miedo a decepcionar a alguien. Muchas de nosotras caemos en la trampa de necesitar estar casadas, tener hijos y comprar una casa a una edad determinada. O creemos que somos demasiado mayores para empezar de cero. Date un respiro. Concéntrate en cómo eres y en lo que quieres crear en la vida y hazlo. ¡Y al diablo con lo que digan los demás!

Así pues, ahondemos un poco más en cómo eres de verdad hoy y en quién te estás convirtiendo. La exploración del yo es una aventura eterna (estamos perpetuamente creciendo y cambiando), pero he hecho una lista de preguntas que puedes hacerte y *responder* mientras vas camino de conocer tu yo más auténtico. Estas preguntas están pensadas para ser un punto de partida en la aventura vital de conocerte, quererte y vivirte, y te ayudarán a conocerte mejor a ti misma y a conocer tus motivaciones. Teniendo una comprensión más íntima del YO, tienes mucho más potencial para forjarte la vida y las relaciones que de verdad quieres.

ME ilumina

- ¿Qué cinco palabras te describen mejor? ¿Qué cinco palabras te describen peor?
- ¿Qué tienes que sea único? ¿Cuáles son tus talentos y tus puntos fuertes? Piensa en los cumplidos que recibes de otros, o en por qué suele recurrir a ti la gente.
- ¿Qué es lo más importante para ti? Recuerda las veces que has sido más feliz en tu vida. ¿Qué tenías entonces que contribuía a tu felicidad: libertad, comunicación con otros, verdad, aventura, aprendizaje…?
- ¿Qué te motiva en la actualidad? ¿Qué te gustaría que te motivara? Fíjate en las diferencias entre una y otra respuesta. ¿Qué tienen de sano y de insano esas motivaciones?
- ¿Qué tres cosas puedes hacer para conocerte mejor?

- ¿Cuándo has estado más asustada en tu vida? ¿Qué pasaba para que estuvieras tan asustada? ¿Qué efectos tienen todavía sobre ti hoy en día esas experiencias?

- ¿Cuáles de tus hábitos y decisiones son destructivos? Piensa en cosas que te hacen sentir bien momentáneamente, pero que luego hacen que te sientas mal. Nombra tres de tus peores decisiones, pasadas o presentes. ¿Por qué tomaste esas decisiones y qué impacto tienen sobre ti todavía hoy?

- ¿Qué pasos has dado para sentirte más segura? ¿Has prolongado relaciones de pareja o trabajos mucho más de lo que querías hacerlo, has elegido el confort al riesgo, o te ha asustado el dinero? ¿En qué miedos se basaban esas decisiones?

- ¿Hasta qué punto has dejado que tus decisiones estuvieran influidas por las convenciones o las expectativas sociales o familiares?

- ¿Hasta qué punto te presionas a ti misma para haber alcanzado cierta fase vital a una edad determinada? ¿Cuándo has asociado esto a una meta saludable y cuándo ha sido el resultado de un compromiso malsano?

- ¿Cuándo y cómo has elegido la comodidad y la seguridad por encima de lo que de verdad querías? ¿Qué precio has tenido que pagar por ello? ¿Cómo ha afectado a tus decisiones en lo relativo a tus relaciones de pareja?

- ¿Qué te gustaría hacer de otra manera?

CAPÍTULO Dos

Verdaderamente YO

¿Hasta qué punto soy sincera conmigo misma?

LAS MENTIRAS QUE CONTAMOS Y LA SINCERIDAD QUE NOS HACE FALTA RESPECTO A NOSOTRAS MISMAS, NUESTROS CHICOS Y NUESTRAS RELACIONES DE PAREJA

*A*frontémoslo: todas nos hemos mentido a nosotras mismas en un momento u otro porque no nos sentíamos capaces de encarar la realidad. Todas nos hemos aferrado más de lo conveniente a una relación de pareja, todas hemos hecho oídos sordos a los sabios consejos de nuestras amigas y nos hemos montado historias sobre nuestros chicos que eran, en el mejor de los casos, cuentos de hadas. Sí, nos guste o no, la mayoría de las mujeres (incluidas tú y yo) somos expertas en construir espejismos y creernos nuestras propias mentiras. Si es necesario, podemos *hacer* que nuestras vidas parezcan lo que *necesitamos* que sean, a fin de aferrarnos a nuestras rela-

71

ciones de pareja, a nuestros trabajos y a nuestras posesiones materiales, y de demostrar a todo el mundo, y especialmente a nosotras mismas, que somos felices.

La misión de este capítulo es, sencillamente, la Verdad. Te ofrece la oportunidad de aclarar de una vez por todas si estás siendo sincera contigo misma. La sinceridad que *decidimos* tener con nosotras mismas (puesto que se trata de una elección) afecta a todos los aspectos de nuestras vidas, sobre todo en lo relativo a los ELLOS a los que atraemos y a los NOSOTROS que creamos. Y ya que hemos abordado el tren de la verdad, seamos del todo francas y reconozcamos que ser sincera con una misma puede ser muy duro, especialmente si se trata de nuestras relaciones de pareja.

En lo que respecta a ÉL y a NOSOTROS, a menudo parece más fácil (o al menos más cómodo, por conocido) vivir con mentiras, medias verdades y autoengaños. Idealizamos las historias que contamos: «Mi marido es el mejor», «Somos tan felices…», «Nos va genial». Nos aferramos a ideas románticas y a normas aceptadas en sociedad, pero totalmente nocivas. Hacemos caso omiso de nuestras intuiciones y sentimientos cuando no cuadran con la realidad que deseamos. Es absolutamente comprensible (pero no aceptable) que nos entreguemos a un comportamiento tan autodestructivo. ¿Qué mujer quiere reconocer que su vida no es del todo satisfactoria? ¿Que es infeliz en su relación de pareja hasta el punto de *desear* dejarla? ¿Que *necesita* a un hombre para sentirse cómoda y segura? ¿Que sabe que es hora de cortar pero le asusta demasiado estar sola? ¿Que el chico del que tanto les ha hablado a sus amigas no es tan genial como les había dicho? ¡Ninguna que yo conozca! No, elegimos el camino aparentemente más fácil y esquivamos la verdad todo lo que podemos. Al final, sin embargo, nos hacemos una gran injusticia a nosotras mismas al ignorar la realidad.

En las páginas que siguen tienes la oportunidad de servirte de tus relaciones de pareja como medio para descubrir hasta qué punto eres de verdad sincera contigo misma. Tras observar con franqueza cómo nuestras relaciones surgen a menudo de las ilusiones que creamos y de los espejismos a los que nos aferramos, expongo cinco de las mentiras más corrientes y sus correspondientes verdades, todas ellas observadas en mí misma y en las mujeres de mi entorno. No abandonaremos este capítulo hasta que tengas claro si de verdad estás dispuesta a ser sincera contigo misma.

Mirar con franqueza nuestras relaciones de pareja

¿Cuántas mujeres crees que son totalmente sinceras respecto a sí mismas y a sus motivaciones en una relación de pareja? ¿O respecto al ÉL al que han atraído y al NOSOTROS que han creado? La experiencia me dice que la mayoría no. A menos que hayamos decidido conscientemente hacer lo contrario, seguimos tercamente atrincheradas en las ilusiones necesarias para mantener viva nuestra relación. Y lo peor de todo es que *sabemos* que nos estamos engañando.

A veces, claro está, no vemos el autoengaño, pero casi siempre sabemos que algo anda mal. Y, sin embargo, en lugar de reconocerlo y encararlo de frente, solemos esforzarnos por tapar cualquier sentimiento de inquietud o desasosiego. Mientras funcionamos con el piloto automático puesto, nuestra reacción natural es pasar por alto y restar importancia a las conductas de nuestra pareja que nos molestan y a sus consecuencias. Aunque seamos autoconscientes, si no nos hemos comprometido con la sinceridad absoluta para con nosotras mismas, seguiremos mintiendo y excusando a nuestras parejas y fingiendo, con la habilidad de una actriz de Hollywood, que todo va bien.

¿Adónde nos lleva esto? Al agotamiento, a la frustración y a la infelicidad, a eso nos lleva. Al final, por más que nos empeñemos en mantener sumergidas las mentiras y por fuerte que sea nuestro deseo de conservar nuestro ideal cómodo y seguro, llega el momento de la verdad, y no resulta muy bonito. A veces, las cosas que fingimos no ver (las infidelidades, el maltrato emocional, el desastre económico, un matrimonio sin amor) nos caen encima de golpe y nos es imposible seguir negando la verdad por más tiempo. Otras veces la realidad va insinuándose poco a poco, adoptando la forma de cosas como la enfermedad o la depresión, y a menudo haciéndonos parecer mucho mayores de lo que somos. En cualquier caso, la verdad siempre acaba por aflorar.

Cuando yo era la reina de las fantasías, se me daba de maravilla hacer que mi vida pareciera estupenda de cara a la galería y convencerme de que de verdad era feliz. Ninguna de las dos cosas era cierta, claro, pero nadie, ni siquiera yo, lo notaba. Era lo que ahora llamo «vivir para encajar con la imagen que das». Cogía todas las habilidades que había desarrollado en mi trabajo (publicidad e imagen comercial para productos de consumo muy conocidos) y las utilizaba para encajarme en la imagen que había creado de esa mujer llamada Christine. Gastaba enormes cantidades de energía en conservar intacta esa imagen, manteniéndome todo lo ocupada que podía, triunfando profesionalmente, relacionándome con los demás y automedicándome: haciendo todo lo necesario para evitar afrontar la realidad. Llegó a dárseme tan bien esquivar mis verdaderos sentimientos que para mí era de lo más natural creer en las absurdas ideas románticas a las que me aferraba e ignorar las graves señales que apuntaban a una relación de pareja nada saludable.

Una de mis mentiras favoritas era: «Estamos hechos el uno para el otro, así que nuestro amor puede con todo». Disfrazada de bella declaración de amor, no era más que una más de las muchas falacias que utilizaba para negar lo disfuncional que era mi relación. Funcionaba a las mil maravillas. Daba igual, por ejemplo, que el amor de mi vida me hubiera lanzado una grapadora a la cabeza, fallando por poco: era sólo una rabieta, ya se le pasaría. Daba igual que aquel tipo tan fantástico me escupiera improperios casi a diario: si lloraba más fuerte y me esforzaba más, quizá por fin me querría. Daba igual que pasaran meses sin que practicáramos el sexo: ya lo haríamos mañana. Y daba igual que saliera más con mi mejor amigo que con él: nuestro amor era suficiente. Hice caso omiso de las señales que indicaban que mi novio me estaba engañando con otra y me convencí de que teníamos un vínculo profundo y único. Todo lo que pusiera en peligro esa imagen era ignorado o «reformulado». Cualquier amenaza contra mi confort y mi seguridad era expulsada de mis pensamientos o manipulada para que todo encajara en la sesgada visión que tenía de mi relación de pareja. En mi país imaginario, nuestro amor legendario y arrollador eclipsaba la fea realidad de mi vida.

A menudo pensamos erróneamente que nuestras ilusiones nos protegen, que nos mantienen a salvo de una verdad demasiado temible. Si tenemos una necesidad tan profunda de creer que nuestra pareja es el hombre que realmente queremos, es porque nuestra seguridad y nuestra comodidad dependen de ello. La idea de exigirle que cambie o de dejar la relación nos produce tanto miedo que estamos dispuestas a hacer cualquier cosa, incluso mentirnos a nosotras mismas, con tal de mantener viva esa ilusión de serenidad. Vivimos tan atenazadas por ese temor que ni siquiera vemos que nos estamos engañando.

Sería fantástico poder decir que soy la única mujer sobre la faz de la Tierra que ha creado un mundo de fantasía tan complejo y elaborado, y sería reconfortante pensar que otras se han ahorrado el dolor y la vergüenza (mejor dicho, el rechazo hacia mí misma) que sentí al intentar asimilar mi autoengaño. Pero sé que no soy la única. Sé que muchísimas mujeres han construido sus propios mundos de fantasía, pertrechadas con toda clase de excusas.

Durante generaciones, las mujeres han estado *sobreviviendo* en lugar de alimentar los sueños y las posibilidades que podían permitirles florecer y alcanzar su plenitud. Prolongamos relaciones de pareja que nos hunden en lugar de elevarnos. Asumimos el papel de víctimas y nos ahogamos en infelicidad, a pesar de ser nosotras mismas quienes se han sumergido en el agua. Creamos grandes ilusiones edificadas sobre ideales de amor y sacrificio, y nos situamos en último lugar, anteponiendo siempre la supervivencia de nuestras mentiras, sea cual sea el precio que tengamos que pagar. Y después, cuando el muro que nosotras mismas hemos levantado se derrumba, o cuando nuestras parejas nos faltan al respeto o nos tratan mal, nos enfadamos. Nos ponemos furiosas con la gente y las circunstancias que nos rodean y nos negamos a centrarnos en el verdadero responsable: nosotras mismas.

La verdad es que la culpa no la tiene nadie más. Somos las únicas dueñas de nuestras ilusiones y nuestras miserias. La buena noticia es que también podemos elegir. Podemos seguir creyendo en nuestras mentiras y edificando ilusiones, o podemos aceptar por fin nuestra responsabilidad.

♥ Reflexiones sobre MÍ ♥

- ¿Qué mentiras te has contado acerca de MÍ, ÉL o NO-SOTROS a fin de mantener viva una relación de pareja?

- ¿En qué momentos has tergiversado la verdad al hablarles a otros de tu relación o de tu chico? ¿Cuáles son las fantasías concretas que has contado? Cuando examines esas verdades sesgadas, pregúntate cuál era tu verdadera motivación. ¿Era el miedo, el deseo de encajar, la necesidad de quedar bien, u otra cosa?

- ¿Qué miedos o verdades que estuviste a punto de afrontar te asustaron tanto que diste marcha atrás y volviste a aferrarte a tus ilusiones? Piensa en las decisiones que a veces has estado a punto de tomar y al final no has tomado. ¿Qué era lo que te asustaba tanto que te hizo replegarte de nuevo en tus ilusiones? ¿Dónde buscaste refugio y por qué creías que era más seguro actuar así?

Las mentiras que nos creemos y las verdades que nos liberan

Recuerdo la primera vez que me di cuenta de que yo no era la única. En cierto modo me entristeció enormemente, pero también me sentí aliviada al saber que no era la única mujer del planeta que se contaba a sí misma mentiras como «Va a cambiar por mí» o «Esta vez de verdad va a ser como yo quiero». No. Una tarde, mientras estaba sentada entre un grupo de mujeres, escuchando sus historias (una experiencia que desde entonces he repetido cientos de veces), noté que asentía constantemente con la cabeza al hilo de lo que decían. «Ajá… Sí… ¡Exacto! Yo también he hecho eso. ¡Sé muy bien cómo te sientes!»

Aunque todas somos fabulosas y únicas, con bagajes, historias y creencias distintas, todas nos llenamos la cabeza con las mismas tonterías y, sorprendentemente, pese a nuestra singularidad, todas edificamos ilusiones idénticas. ¿Y qué ocurre entonces? Que tenemos muchísimo en común. Lo bueno es que, gracias a ello, estamos juntas en este loco barco que llamamos vida y relaciones de pareja. ¿Y lo malo? Lo malo es que, si todas andamos a tientas, creyendo en las mismas mentiras, ¿cómo diablos vamos a encontrar la Verdad?

Para empezar, podemos echar un vistazo a las mentiras más corrientes que nos contamos a nosotras mismas: afirmaciones que las mujeres hemos profesado para nuestros adentros o gritado a voz en cuello, seguramente durante siglos. Es probable que, si eres mujer, sea cual sea tu estilo de vida, hayas adoptado al menos una de estas mentiras, y casi con toda probabilidad más de una. Empezando desde nuestra infancia y a través de toda nuestra existencia como mujeres, esas mentiras se ven reforzadas por los libros, las revistas, las películas, la televisión, los padres, los maestros, la religión, etcétera.

¿Qué mujer no se ha sentado en un cine a ver una película romántica y ha sentido que su corazón anhelaba a ese alguien especial capaz de ver su belleza interior, o ha contenido la respiración al pensar que su amor también podía enfrentarse a todos los obstáculos y salir airoso? Todas hemos creído que nuestras relaciones de pareja eran especiales, que eran distintas a las que había a nuestro alrededor que no funcionaban. Si fuera aficionada a las apuestas, me apostaría algo a que, en un momento u otro, la mayoría de nosotras ha intentado cambiar a un hombre. Y, aunque ese empeño sale casi siempre bien en las películas, seamos sinceras: la mayoría de nosotras no tiene a un guionista de Hollywood de su lado.

Vivimos en el mundo real, no en historias bien montadas y narradas. El reto que te planteo consiste en reflexionar sobre las siguientes perspectivas y encontrar qué hay de real para ti dentro de cada mentira y cada verdad, y a continuación ser sincera sobre cómo ha determinado esto tus decisiones y tus relaciones de pareja. La ignorancia ya no sirve como excusa.

1.

Mentira: Puedo hacerle cambiar. Cambiará por mí.
Verdad: Sólo él puede cambiarse a sí mismo, por sí solo.

¿Cuántas mujeres se casan pensando que pueden cambiar a su pareja? ¿O se engañan y se convencen de que, por ellas, su pareja cambiará, porque son distintas a las demás mujeres que lo han intentado antes? Aunque no tengo a mano las cifras exactas, puedo decirte cuál es la respuesta correcta: ¡demasiadas!

Esta mentira (creer que puedes cambiar a un hombre) es peligrosa y destructiva al menos por tres motivos, seguramente por más. Primero, porque erigirte en la persona capaz de cambiar a otra no sólo es una muestra de arrogancia, sino señal inequívoca de que estás evitando algo que tiene que ver contigo misma. A las «arregladoras» les encanta centrarse en otras personas porque así se distraen de sus propios problemas. En segundo lugar, porque, por muy especial que seas, no tienes más poder que cualquier otra mujer para cambiar a un hombre. Creer lo contrario indica un caso grave de autoengaño y de apego malsano. Es el colmo de la arrogancia. En tercer lugar, porque, dado que nadie cambia a no ser que quiera (y aunque puedas ejercer cierta influencia), consagrarte a esa causa conduce inexorablemente al sufrimiento.

Echemos primero un vistazo a esa adicción por intentar arreglarlo todo que tanto nos gusta a las mujeres: esa manía de transformar a las personas, los problemas, las relaciones y cualquier cosa que necesite una solución, normalmente con intención de «ayudar». Yo me instituí en arregladora profesional durante quince largos años. Para mí, «ayudar» a mi novio a superar la depresión, en detrimento de mi propia salud, era prueba de lo mucho que le quería. Creía que podía ser *yo* quien solucionara el problema porque veía más allá de sus tormentos de adulto, al niño pequeño que ansiaba cariño desesperadamente. Así que seguí con él, convencida de que sólo tenía que seguir intentándolo, o quererle más, o de otra manera, o sin juzgarle ni cuestionarle, para que cambiara. Que nuestra relación de pareja mejoraría y que, por tanto, también mejoraría mi vida. Quince años después, sus problemas seguían existiendo y también los míos. Intentar cambiarle (a él y a muchas otras personas de mi entorno) se había convertido en una adicción. Y, como todos los adictos, ello me permitía seguir funcionando con el piloto automático puesto, distraerme para no tener que mirarme en el espejo.

Por desgracia, no soy la única mujer con predisposición a intentar cambiar a los hombres. ¿Cuántas veces has oído decir a una mujer cosas como «Sé que con el tiempo cambiará. Cuando nos casemos, o cuando vivamos juntos, o cuando pase esto o aquello, será distinto»? Y luego, ¿cuántas veces has visto a esas mismas mujeres quedar atrapadas en la cruda realidad de verse unidas a un hombre que no ha cambiado ni un ápice y que seguramente nunca cambiará? Puede que tú misma hayas pasado por eso. En realidad, cambiar el nivel de compromiso de una relación de pareja (matrimonio, casa, hijos) no hace que un hombre cambie de verdad. Si ya antes no había emprendido el camino del crecimiento personal, ahora que ya te tiene, ¡se ha quedado sin motivación!

Tampoco importa cuánto te quiera o deje de quererte un hombre. E igual de irrelevante es cuánto te esfuerces tú, cuánto le quieras y los ultimátums que le des. No malgastes energías pensando cosas como «Si me quisiera, cambiaría» o «Sólo tengo que ser paciente, portarme mejor con él, y entonces entrará en razón». Sobreponte a esas ideas y asume que su resistencia a cambiar no tiene nada que ver contigo.

Lo que nos lleva a la segunda parte de esta peligrosa mentira: ¿Por qué creemos que tenemos poder suficiente sobre un hombre, por qué pensamos que somos distintas a las demás, que podemos convertirnos en el motivo de que de verdad cambie? Las mujeres a las que les gusta salir con «chicos malos», con «Peter Pans» que nunca maduran o con «solteros impenitentes» se tragan esta mentira y creen a pie juntillas en sus poderes sobrenaturales para conseguir que un hombre sea «bueno», que madure o que se sienta preparado para el matrimonio. Sin duda alguna, una mujer así está convencida de que, por ella, el hombre en cuestión se volverá «bueno», dejará de hacer [insertar aquí un comportamiento destructivo] o sentará por fin la cabeza. Por desgracia, esto no suele pasar. Incluso si la mujer consigue el anillo de compromiso y el marido, no conseguirá el hombre que realmente desea. Y no porque los hombres inmaduros o los solteros impenitentes no puedan madurar, sino porque sólo maduran cuando deciden hacerlo. Y ninguna mujer tiene el poder de obligarles.

Es más, ¿para qué querrías que un hombre cambiara por ti, en vez de por sí mismo? ¿Qué diría eso de él? Piénsalo. ¿De verdad quieres un hombre que sea tan pusilánime y tan poco seguro de sí mismo que esté dispuesto a cambiar por otra persona, aunque esa persona seas tú? ¿No te parece más apetecible tener un hombre que sepa quién es, que esté dispuesto a escuchar otros puntos de vista y a decidir después por sí mismo? A no ser, claro está, que estés buscando a uno al que pasear con una correa. Si es así, te has equivocado de libro, pues éste trata de relaciones de pareja sanas y de YOES sanos, no de cómo convertirse en una mujer capaz de dominar o castrar a un hombre.

Y una última cosa: también nos gusta engañarnos a nosotras mismas con afirmaciones como «Quiero a mi actual pareja más de lo que lo quería ella» o «Me quiere más que a ella, así que nuestra relación es distinta». Esto también es una chorrada gigantesca. No queremos más a unas personas y menos a otras. El amor no funciona así. Según mi experiencia, cuando sanamos y nos volvemos autoconscientes, aprendemos a querer *mejor*, no más, y a escoger parejas que tienen la *capacidad* de compartir su amor de manera más clara y completa. Al madurar y sanar, aprendemos a amar desde la plenitud, no desde la necesidad. Nos damos cuenta de que no hay una reserva de amor imaginaria de la que unos reciben más y otros menos.

♥ Reflexiones sobre MÍ ♥

Sé sincera sobre tu nivel de adicción a cambiar a los demás, sobre tu tendencia a prestar una ayuda malsana y tus creencias o actitudes destructivas respecto a la posibilidad de cambiar a tu pareja.

- ¿Cuándo has tratado de cambiar a un hombre? ¿Cómo ha afectado eso a tu relación contigo misma, con tus amigos y tu familia, y a tu carrera profesional? ¿Y a tu calidad de vida? ¿En qué sentido te ha impedido conseguir lo que de verdad querías?

- ¿Cuándo te has mentido a ti misma respecto a la posibilidad de cambiar a un hombre y has disfrazado tus intentos llamándolos por otro nombre, como «ayudar», «amar» o «salvarlo de sí mismo»?

- Piensa en qué tipo de cosas has intentado cambiar en tus parejas. ¿Cuál es el denominador común? ¿Qué te dice eso de ti misma?

- ¿Y en la actualidad? ¿Eres una «arregladora»? ¿Te has recuperado de tu adicción o estás en proceso de recuperarte? ¿Cómo dejaste de intentar cambiar a los hombres? ¿O todavía intentas «arreglar» a la gente?

- ¿En qué sentido te gustaría transformar tus creencias sobre la posibilidad de cambiar a los demás y tus pautas recurrentes de comportamiento en esa dirección?

Por si todavía queda en tu subconsciente una pizca de esa manía por arreglar a los demás, te ofrezco una lista de promesas que puedes hacerte a ti misma. Se trata de declaraciones que pueden ayudarte a superar esas pautas destructivas y arrogantes, creadas por la ilusión en la que vives inmersa. Son las mismas promesas que me hice yo cuando decidí romper con mi adicción a intentar cambiar a los demás y abandoné para siempre mi papel de arreglalotodo.

Autopromesa 1:
Sólo me concentro en cambiar YO.

Autopromesa 2:

Nunca intentaré cambiar a un hombre: jamás. Puedo ofrecerle nuevas perspectivas o darle mi opinión si me la pide, pero evitaré intentar convertirle en algo que no es, aunque crea que podría mejorar. *Sobre todo*, si creo que podría mejorar.

Autopromesa 3:

Elijo tener relaciones de pareja únicamente con hombres que sean sinceros, responsables de sí mismos al cien por cien y que estén dispuestos a dar siempre lo mejor de sí mismos, sin excepciones.

El papel más saludable que podemos desempeñar en una relación de pareja es el de compañeras, no el de madres, ni el de predicadoras. Sí, debes animar a tu chico a ser lo mejor que pueda ser como persona, pero sirviéndole de inspiración para madurar y cambiar mediante las decisiones que tomas relativas a tu propia vida. No le presiones, no le azuzes ni tires de él. Tienes cosas mejores que hacer que perder tiempo y energías en empeños imposibles.

2.
Mentira: Está cambiando un poco. Debe de estar convirtiéndose en el hombre que quiero que sea.
Verdad: Las pequeñas modificaciones no son auténticos cambios. Son trampas.

En el curso de una relación de pareja, es probable que hasta los hombres más incivilizados y perezosos experimenten pequeñas modificaciones. No las confundas con auténticos cambios.

Son pequeñas alteraciones de conducta que duran poco tiempo y suelen estar motivadas por cosas como el miedo, una tragedia o un deseo de manipulación. Aunque el acontecimiento desencadenante puede sacudir a un hombre hasta el punto de hacerle abandonar sus pautas de comportamiento anteriores, estas alteraciones no suelen durar mucho tiempo. Cuando remite el miedo, o la pena, o el hombre en cuestión consigue lo que quería, recupera sus actitudes previas. Y nosotras nos llevamos una desilusión, nos quedamos chafadas y volvemos otra vez al punto de partida.

Casi siempre sucede así: nos emocionamos con los más mínimos cambios que apreciamos en nuestro chico y creemos que el gran cambio está al caer. Esperamos… y esperamos… y esperamos. En el mejor de los casos, él se queda en el sitio donde le situó esa pequeña transformación. En el peor, vuelve a ser como era antes. Pero lo más probable es que aterrice en un punto intermedio. Pero, al margen de dónde aterrice, a nosotras nos toca tirar otra vez de nuestras reservas de esperanza y confiar en que algún día llegue a ser como nos gustaría que fuera nuestro compañero.

Es una montaña rusa que casi siempre nos deja absolutamente agotadas y desanimadas. Soportamos ese desagradable sube y baja concentrándonos en los momentos álgidos y apoyándonos en los pequeños cambios para sostener una relación durante años, olvidando convenientemente lo mal que nos sentimos casi siempre. En algún momento del viaje en esa montaña rusa debería aparecer una señal que dijera: «¡Ojo! Los pequeños cambios pueden mantenerte mucho tiempo atada a una relación con una persona que no te conviene. No te quedes a esperar a que los momentos de euforia se conviertan en una transformación duradera».

Yo estuve más de una década esperando un cambio de verdad. Para que mi novio fuera el compañero adecuado para mí, tenía que dar un giro de 180 grados, pero yo conseguía que se moviera, como mucho, diez. A veces se daba una pequeña alteración de conducta después de una bronca de las gordas, el resultado explosivo de un millón de pequeños acontecimientos que iban acumulándose con el tiempo. La enfermedad de un familiar, nuestros propios baches de salud o los problemas de algún amigo eran también catalizadores estupendos para que nos portáramos bien. Pero, pasado el bache, se acababa también el buen rollo, automáticamente. Ocurrió un millón de veces en el curso de nuestra relación: pequeñas alteraciones de conducta que nunca se concretaban en un cambio real y duradero. Pero como la mentira (que él estaba haciendo progresos) seguía surtiendo efecto en mi subconsciente, me negaba a ver la verdad: que *nunca* iba a convertirse en mi compañero ideal. Qué diablos, ni siquiera sabía lo que significaba la palabra «compañero».

Convertirse en alguien que no eres requiere una transformación, y un cambio de esa índole exige una honestidad brutal con uno mismo, además de la voluntad de desprenderse de creencias, valores y vínculos perjudiciales. Piensa en los cambios que has hecho en ti misma. ¿Han sido fáciles? ¿Cuál fue la motivación para que se convirtieran en definitivos? Seguramente no fue otra persona. Incluso si has vivido un hecho trascendental para el curso de tu vida, eres tú quien decide hacer esos cambios y conservarlos. Si no, vuelves a las andadas. Cambiarse a uno mismo exige capacidad de elección y de compromiso, sin excepciones.

El crecimiento personal y la verdadera autoconciencia implican un trabajo muy arduo, de ahí que la mayoría de la gente opte por renunciar a ellos. Les parece bien seguir como están. Y puede que a ti también te lo parezca, que te conformes con estar con un hombre que seguirá siendo igual que hoy el resto de su vida. Para la mayoría de nosotras, sin embargo, no basta con eso, aunque nos mintamos a nosotras mismas y digamos que sí. Si quieres evolucionar íntimamente, debes tener un compañero que también evolucione, aunque no sea del mismo modo ni al mismo ritmo que tú. Un hombre que se arrellana en el sofá de la vida y se contenta con su condición de «tubérculo de sofá», no será el compañero adecuado para ti por más que os queráis.

Sé sincera contigo misma acerca del hombre que eliges. Si no te parece suficiente hoy, es muy probable que mañana tampoco te lo parezca. Y aunque no tiene que ser perfecto, y desde luego no hace falta que te guste todo de él, debes ser franca contigo misma respecto a lo que es negociable y lo que no.

La gente es como es a menos que tome la decisión de cambiar. Por eso es mala idea elegir pareja basándote en su potencial, creyendo que con tu «ayuda» se convertirá en el hombre que puede ser idealmente. Sí, todos los hombres tienen la capacidad de transformarse, pero no trates tu vida como si fuera una máquina tragaperras. Las probabilidades están en tu contra.

♥ Reflexiones sobre MÍ ♥

- ¿De qué manera has evitado ver la verdad acerca de tu pareja actual o tus ex parejas? Piensa en las veces en que te convenciste de que él era como no era en realidad, o que te enamoraste de su potencial. ¿Cuáles fueron los resultados? ¿Cuál fue tu motivación?

- ¿Cuándo te has conformado con pequeños cambios pasajeros? ¿Qué ocurrió durante esos periodos? ¿Cuál era el común denominador: cuándo ocurrían, qué decía él, qué estabas viviendo tú en ese momento? ¿Qué mentiras te decías acerca de esos cambios y tu pareja?

3.
Mentira: Estamos hechos el uno para el otro. Para mí no hay otro. [Inserta aquí cualquier otra idea romántica.] Esto es «amor verdadero».
Verdad: Las declaraciones románticas de amor imperecedero no equivalen al amor.

¡Ay, cuánto daño nos han hecho las tarjetas de felicitación, las películas románticas y todas esas cosas! Expresiones como «Te querré siempre», «Eres mi único amor» y «Lo nuestro es cosa del destino» llenan nuestras pantallas, grandes y pequeñas, nuestras novelas románticas y nuestras celebraciones de pareja, y por tanto nuestra psique, convenciéndonos a nivel subconsciente de que el «amor verdadero» consiste en prometer cosas eternas y en proclamar «solamente tú».

Las películas nos dicen que los gestos románticos grandiosos son equiparables al amor. ¿Qué mujer no se ha limpiado las lágrimas mientras veía una película y anhelaba oír esas mismas palabras de labios de su pareja, o ha visto a otra pareja envuelta en un profundo afecto y no ha deseado poder disfrutar de esa misma relación? Yo desde luego sí, y más de una vez.

El romanticismo puede ser en sí mismo una faceta maravillosa de una relación. Todas queremos que nuestra pareja nos vea y nos ame. Queremos, cómo no, oír decir «te quiero» y que nos digan lo especiales que somos, y no hay nada malo en ello. El problema surge cuando nos servimos de esos ideales románticos para esquivar la verdad.

A veces dejamos que gestos románticos intermitentes sean el combustible que mantiene en marcha durante años una relación de pareja. A fin de cuentas, las tarjetas de felicitación que se intercambian en fechas señaladas, una o dos veces al año, transmiten la idea de que las palabras de otra persona escritas en cartulina y firmadas por tu chico equivalen al amor. Yo, desde luego, soy culpable de haber obviado la desalentadora realidad de mi relación de pareja porque mi novio me declaraba sus «verdaderos sentimientos» el día de san Valentín, en nuestro aniversario o en alguna otra ocasión especial. Sí, aunque hayamos dejado de perseguir abiertamente el cuento de hadas del Príncipe Azul, la mayoría de nosotras ansía tanto que su chico la vea y la ame que, cuando se nos presenta un gesto romántico o una proclama amorosa, nos vemos aquejadas por una amnesia repentina respecto al verdadero estado de nuestras relaciones de pareja.

A veces están repletas de declaraciones románticas. Se alimentan de esas oleadas de emoción y acabamos por desarrollar la *necesidad* de oír esas promesas de amor imperecedero para llenar nuestros profundos «agujeros». Lo que de verdad deberíamos hacer es formularnos preguntas como: ¿qué me falta por dentro para que necesite que un hombre me diga que su amor es *para siempre*? ¿Por qué no es suficiente con que me diga que me quiere hoy? A fin de cuentas, no puede prometer nada más. ¿Por qué necesito saber que soy la única mujer a la que mi chico ha amado tan profundamente? ¿No me basta con saber que me quiere ahora por cómo soy? ¿Y qué me hace pensar que hay una escala para medir hasta qué punto es verdadero el amor que me permita comparar este amor con otro que haya tenido anteriormente? ¿Quién establece ese criterio y quién decide lo que es el «amor verdadero»?

Si lo piensas de verdad, la idea de clasificar el amor es una ridiculez. Pese a ello, comparamos constantemente distintos grados de amor y nos convencemos de que nuestras relaciones pasadas no eran amor verdadero y de que la actual sí lo es. ¿De qué demonios estamos hablando? El amor no puede medirse ni compararse, y en todo caso nunca sale nada bueno de esas comparaciones. La verdadera cuestión no es: «¿Es esto verdadero amor?» El amor sólo puede ser verdadero. Más sensato sería preguntarse: «¿Es esta relación lo que quiero y necesito? ¿Es sana, y me siento a gusto en ella?»

Lo cierto es que las relaciones de pareja sanas no necesitan declaraciones de amor como «te querré siempre» o «lo eres todo para mí». En una relación de pareja sana, basada en la confianza, el respeto y la intimidad, dos personas congenian profundamente y se ven de verdad la una a la otra tal y como son en el momento presente. Cuando la intimidad ocupa el centro de una relación, las palabras o los gestos románticos giran en torno al presente. No se centran en comparaciones con el pasado, ni en promesas sobre el futuro. Nunca supuran debido a un relleno de agujeros codependiente: la energía que se intercambia es limpia y liberadora.

Vamos a detenernos un momento y a hacer que esto cobre vida con una breve visualización que te ayudará a percibir la diferencia entre un vínculo interdependiente y un vínculo codependiente. Si nunca has hecho una visualización, no te preocupes. No requiere ninguna habilidad especial, sólo la disposición a abrir los ojos unos minutos. Piensa en ello como en una película que se proyecta en una pantalla imaginaria dentro de tu cabeza, en tu cine privado. Si estás familiarizada con las visualizaciones y tienes otra técnica que te permita ver la imagen en movimiento en tu cabeza, utilízala si lo prefieres.

Ejercicio: UNA VISUALIZACIÓN ACERCA DE LOS VÍNCULOS ÍNTIMOS

Cierra los ojos y tómate unos instantes para serenarte. Respira hondo un par de veces y borra lo que haya en la pantalla de tu cabeza. Imagina que una lluvia plateada y cálida corre por tu cuerpo de la cabeza a los pies, limpiando tu mente de imágenes e interferencias y dejando la pantalla en blanco, como en pausa.

Una vez despejada tu mente, imagínate sentada junto a un fuego con tu pareja, compartiendo una botella de champán o de vino bien fría o bebiendo unas tazas de cacao humeantes. Puede que suene algo de música suave de fondo. Él te mira con adoración y te dice: «Eres mi único amor. Te querré siempre. Lo eres todo para mí. Te necesito tanto que sin ti me moriría». ¿Qué te parecen sus palabras? ¿Embriagadoras o agobiantes? ¿Pesadas o ligeras? ¿Hacen que te sientas como una persona con su propia identidad o que te sientas envuelta (¡atrapada!) en la de otro ser humano? ¿Acaba de cargar sobre ti unas expectativas del tamaño de un piano de cola?

Ahora borra la pantalla y empecemos otra vez. Siguiente película. Tu pareja y tú estáis delante del mismo fuego, tomando una copa. Todo muy cálido y acogedor. Él te mira amorosamente y dice: «Me siento tan afortunado por tenerte conmigo. Te quiero muchísimo por cómo eres, y sobre todo agradezco cuánto me ayudas a dar lo mejor de mí mismo». ¿Cómo hace que te sientas? ¿Relajada? ¿A gusto por dentro? ¿Te estás expandiendo o contrayendo? ¿Te sientes más grandes o más pequeñas? ¿Qué percibes acerca de ti y de él en ese momento?

Vamos a tomarnos un momento para hacer una reseña de la película. La primera escena es un vislumbre de una relación basada en la necesidad, el apego y la autodefinición por asociación con otra persona. Juntas, esas características forman el cimiento sólido de algo de lo que hay que huir como de la peste: las relaciones de pareja codependientes. En las relaciones embarulladas y enfermizas, ambas personas son culpables de rellenar agujeros, de enmascarar sus problemas íntimos centrándose en los del otro. Alimentadas por proclamas innecesarias («amor verdadero», «para siempre»), a menudo confundimos estos embrollos retorcidos y enmarañados con el amor.

La segunda escena ejemplifica una relación de pareja interdependiente y sana en la que ambas personas saben que son un todo completo sin el otro. Separados y conectados, no se *necesitan* el uno al otro para sobrevivir. Por el contrario, *eligen* estar juntos porque la relación permite que florezcan el MÍ, el Él y el NOSOTROS. Éste es el tipo de relación que queremos.

Antes, las declaraciones de amor al uso me parecían románticas. Las empleaba todo el tiempo en mi relación anterior. Y puede que a ti todavía te suenen románticas. Pero sé sincera respecto a cómo te hace sentir la primera escena al visualizarla. A mí me producía agobio, como si alguien me estuviera absorbiendo, intentando conseguir seguridad a través de mí en lugar de permitirme brillar como YO misma. Si has vivido ese tipo de relación de codependencia, bienvenida al club. Todavía no he conocido a una mujer que al menos no la haya probado una vez. Es ley de vida. De niñas, buscamos amor y seguridad en nuestros padres: somos dependientes.

Necesitamos que nos den esas cosas y, dependiendo de la suerte que tengamos, algunas recibimos un montón de cariño y seguridad (entre otras cosas) y otras no. La mayoría experimentamos una situación intermedia. Pero, al margen de lo que recibamos de nuestros cuidadores mientras somos pequeñas, todas tenemos que pasar por el viaje personal de convertirnos en adultas, lo que equivale a madurar para convertirse en una persona plenamente realizada que encuentra amor y seguridad dentro de sí en primer lugar, antes de buscar el amor en un hombre o en cualquier otra fuente externa.

¿Mi mantra? Quédate con el romanticismo y con el amor. Líbrate de cualquier cosa que huela a codependencia, aunque sea ligeramente.

♥ Reflexiones sobre MÍ ♥

- ¿Qué promesas y declaraciones románticas has empleado más a menudo? Dilas en voz alta. ¿Qué sentimientos, imágenes o pensamientos remueven en ti?

- ¿Cuál era tu motivación para emplear esas declaraciones románticas? ¿Qué estabas buscando? ¿Qué necesidad íntima intentabas suplir? ¿Cómo te han ayudado las ideas románticas a eludir la verdad?

- ¿Cuándo has permitido que las declaraciones románticas ocasionales te satisficieran a corto plazo? ¿Por qué? ¿Cuál fue el efecto a largo plazo? ¿Cómo contribuyeron a una relación insana?

- ¿Qué expresiones de amor y romanticismo sanos quieres en tus relaciones de pareja? ¿Cuál es el mayor cambio que puedes hacer en ti misma para crear esa realidad?

4.
Mentira: Él me completa.
Verdad: Sólo tú misma puedes completarte.

¡«Me completa» es una de las afirmaciones más terribles que he oído salir de boca de una mujer! En serio, me da escalofríos oírle decir eso a una mujer, porque esas palabras suponen una renuncia de su poder, de su respeto por sí misma y de su propia valía. Creer y pronunciar esa afirmación daña la propia vida del espíritu de una, y, sin embargo, muchas de nosotras creemos que es uno de los mayores cumplidos que podemos hacerle a nuestra pareja. Ya sea porque no nos damos cuenta o porque nos empeñamos en negar la realidad, eludimos el hecho fehaciente de que afirmar que mi pareja «me completa» equivale a decir: «¡Necesito un hombre! Necesito a alguien que se ocupe de mí y me haga sentirme completa. Sola no puedo ser feliz». Una mujer que afirma esas cosas cree, conscientemente o no, que, sin un hombre que la complete, es un ser fallido, que no es suficiente, que lo que tiene que ofrecerle al mundo y a sí misma no basta.

Yo también me creía esa mentira. Incluso sentía envidia de otras mujeres, desde amigas a actrices de cine, cuando proclamaban su «amor» mediante la afirmación «Él me completa». Recuerdo que pensaba: «Caray, qué estupendo para ella. Su chico y ella deben de quererse de verdad. Ojalá tuviera yo eso». Mi inversión en esta fantasía en particular fue sustancial. Y como no entendía lo insidiosamente que se había infiltrado en mi sistema de creencias, no veía sus efectos sobre mis decisiones. No me daba cuenta de cómo me mantenía paralizada, incapaz de abandonar a mi ex novio para siempre. Cada vez que intentaba separarme de él, sentía un dolor horrible, como si me faltara una parte de mí. Y así era. Cada vez que rompíamos, mis agujeros quedaban brutalmente expuestos y pensaba erróneamente que el vacío que sentía en lo más hondo del pecho se debía a su ausencia. Pero no era su ausencia la que me afectaba, sino la mía propia. No había conseguido curar mis propias heridas con amor y comprensión. Eran mis heridas las que me causaban ese intenso dolor. No lo comprendí hasta nuestra ruptura final, cuando emprendí la tarea de sentirme completa por mí misma, de cambiar la mentira por la realidad del «¡ME completo YO!».

En un plano lógico, la idea de que un hombre pueda completarnos es absurda, pero ¿desde cuándo se aplica el pensamiento racional al amor? Así pues, veamos qué sucede si aplicamos la lógica por un instante. Si crees que un hombre de verdad te completa, ¿qué sucede si se marcha, voluntaria o involuntariamente? ¿Te conviertes en una persona a medias, o en tres cuartas partes de un alma? ¡Espero que no! Sería bastante duro vivir sin ese «completador» si fueras sólo tú en un 75 por ciento. Pongamos que tu chico nunca se marcha y que envejecéis juntos. El hecho es que vivir con esa mentira supone pasar la mayor parte de tu vida creyendo que no te bastas sola, que necesitas a alguien para que te complete, lo cual es tristísimo. Tú te mereces algo más: todas nos merecemos algo más. La totalidad del espíritu de cada persona única y singular es una maravilla. Sería una lástima que no encontraras la tuya.

Es importante comprender que «completar» no es lo mismo que «realzar». Encontrar un compañero que realce tu vida es maravilloso, esencial incluso. Conocer a un hombre que posea cualidades que queremos desarrollar en nosotras mismas puede ser una parte decisiva de nuestro descubrimiento personal. Compañero, maestro, amante, son papeles saludables para que los desempeñe nuestra pareja. Suplidor de necesidades, rellenador de agujeros, completador... ¿Alguno de esos papeles te parece sano o atractivo?

Mi ex novio hacía el papel de rellenador de agujeros, y juntos creamos una maraña de codependencia en la que nos necesitábamos el uno al otro para sobrellevar nuestro dolor íntimo. Hoy en día estoy casada con un hombre que me ayudó a convertirme en un YO mejor. Gracias a su apoyo y a su amistad inquebrantables he madurado más rápida y profundamente. Observándolo a él, aprendí a aflojar el ritmo, a reírme más y a ser más compasiva. Cuando mi ex novio rompió nuestro compromiso y se marchó, mi barco se fue a pique. Mi vida se derrumbó porque le utilizaba para completarME. Si Noah, mi marido, y yo nos separáramos, me sentiría, como es lógico, profundamente triste y mi vida se vería disminuida sin su presencia. Pero aun así seguiría siendo una persona completa y entera. Juntos creamos un vínculo mucho más fuerte porque ambos iniciamos nuestra relación de pareja siendo personas completas.

En caso de que dudes de lo que digo, permíteme aclarar una cosa: no nos hemos embarcado en una expedición semántica. Las palabras «me completa» tienen una intención concreta. ¡Las palabras que usamos importan! Siente la energía que entraña la frase «me completa» y compárala con «juntos somos más fuertes». La primera afirmación limita, la segunda amplía. La primera coge la energía de una persona y la mete a la fuerza en los huecos vacíos del otro. La segunda expande, y la energía de la relación se acumula porque no se gasta en rellenar los agujeros del otro.

- Juega con las palabras. «Él me completa», «yo me completo». Dilas en voz alta. Visualízalas. ¿Qué te hace sentir cada frase?

- ¿Cuándo has creído que un hombre te completaba? ¿Por qué querías creerlo, y qué te ofrecía? ¿Qué decisiones tomaste basándote en esa creencia?

- ¿En qué sentido habría sido distinta tu experiencia de esa relación si hubieras creído que tú te completabas a ti misma? ¿Qué habría cambiado respecto a cómo te sientes al pensar en ti misma?

5.

Mentira: Me quiere más que a ella y algún día me elegirá a mí. Algún día estaremos juntos.

Verdad: Nunca va a dejarla y ¿podrías confiar en él si lo hiciera? Y, por cierto, ¿qué hay de tu respeto por ti misma? ¿Y qué te ha hecho ella para merecer esto?

Si has sido «la otra» o la amiga de la otra, seguro que has visto desarrollarse esta situación en la vida real y (oh, sorpresa) es una realidad completamente distinta a lo que solemos ver en las películas y la televisión. Esta mentira consiste en convencernos a nosotras mismas de que somos mejores que la esposa o la novia, en persuadirnos de que, si el chico nos escogiera a nosotras (lo cual rara vez sucede), cambiaría (nunca cambian). La triste realidad que nos queda suele ser la soledad, un sentimiento de amargura hacia una mujer a la que ni siquiera conocemos y una vida entera esperando y reaccionando a lo que el hombre en cuestión decida hacer. ¿Está disponible para verme? Genial, yo estoy disponible para él. ¿No puede verme? Haré otros planes. El 99,9 por ciento de las veces anteponemos sus necesidades a las nuestras, hasta que nos enfadamos de verdad, tenemos una pelea, conseguimos que supla nuestras necesidades al menos momentáneamente y acabamos perpetuando la misma relación enfermiza.

¿Cómo es que una mujer inteligente y aparentemente equilibrada puede cometer un error tan doloroso y autodestructivo? ¿Por qué siempre estamos preguntando «cuándo vas a dejarla» o diciéndonos a nosotras mismas que «la dejará pronto», en lugar de formular las preguntas de verdad importantes, como por ejemplo por qué me he enzarzado en una competición con una mujer a la que ni siquiera conozco, por qué no exigimos las dos un compañero fiel o qué ha sido de mi respeto por mí misma?

Aunque podamos prodigar excusas con facilidad para justificar nuestro comportamiento, la razón por la que seguimos haciéndonos daño a nosotras mismas no es nada sencilla. He visto a una de las mujeres más bellas, generosas y entregadas a su trabajo que conozco dejar su vida en suspenso durante cinco años por un tipo que, según ella, es su «alma gemela». El problema es que él siempre ha tenido novia (la misma novia), lo que significa, en resumidas cuentas, que nunca va a dejarla. ¿Y mi amiga? Bueno, practican mucho sexo (sexo salvaje, incluso), pero él nunca la ha llevado a cenar a su ciudad natal. Para conseguir que cenara con ella en público, mi amiga tuvo que volar a un país extranjero pagándolo de su bolsillo. Pese a ello sigue haciendo el papel de la otra porque, a su modo de ver, algún día *vencerá* y ese hombre será suyo. Derrotará a la novia oficial y finalmente podrá estar para siempre con el amor de su vida. Puede que sí. Puede que no. Después de cinco años, las probabilidades están en su contra.

Lo que está claro es que no puede encontrar al compañero que realmente quiere porque está en la cama con un hombre que no está disponible. No se enfrenta a sus propias heridas porque él la mantiene «convenientemente» distraída. También niega el hecho de que, aunque la escogiera a ella, no hay motivos para pensar que fuera a serle fiel. Es más, ni siquiera se detiene a considerar la posibilidad de que puede estar acostándose con otras de las que ella no sabe nada. Y gasta enormes cantidades de energía odiando y juzgando a su novia, a la que ni siquiera conoce en persona.

Muchas, muchísimas mujeres se encuentran viviendo una situación parecida o se regodean observando el dolor de otras mujeres en los programas de telerrealidad o en las series de televisión. Por alguna razón enfermiza, ese tipo de dramas hacen las delicias de un sinfín de mujeres. Muchas de nosotras hallamos satisfacción en vencer a otras mujeres. Adoptamos un aire de superioridad respecto a ellas y nos regodeamos en su sufrimiento. Y muchas extraemos placer de ver a mujeres enfrentándose entre sí en televisión. No sé qué es más triste, si el hecho de que tantas de nosotras devoremos programas de telerrealidad o series que retratan ese tipo de cosas, o la existencia real de una mujer en esas circunstancias, poniendo su vida en suspenso con la esperanza de que el hombre la escoja a ella.

Hay tres cosas, sin embargo, de las que estoy segura. En primer lugar, de que no hay ninguna razón válida para acostarse a sabiendas con el marido o el novio de otra mujer, ni para prolongar una relación con un hombre que comete continuas infidelidades. Las mujeres lo hacemos constantemente (yo misma me he encontrado en esa situación). Nos decimos a nosotras mismas que lo hacemos por amor, por una atracción irrefrenable, porque es cosa del destino, etcétera. Pero lo cierto es que, si sientes algo por un hombre que ya está comprometido y si de verdad lo vuestro es «cosa del destino», volverás a verte con él cuando sea libre y saldrás ganando por haber esperado. Acostarse con un hombre que ya está comprometido con otra no es ningún estímulo para que empiece algo serio contigo. Y, aunque fuera a dejarla mañana mismo, ¿por qué quieres estar con un hombre que es tan inconsciente que no se da cuenta de que necesita pasar un tiempo solo para desprenderse de una relación antes de iniciar otra? Aunque su relación de pareja sea un infierno, si la ha prolongado es por algo, y esos motivos, sean los que sean, no desaparecerán porque desaparezca su novia o su esposa. Ese hombre necesita sanar, y tú te debes a ti misma, no convertirte en relleno para sus agujeros. También te debes a ti misma no esperar a que se marche. Muchas mujeres malgastan sus vidas esperando a que un hombre las escoja por fin. Mientras se concentran en conseguirlo, dejan que pasen de largo hombres que de verdad podrían ser los compañeros que desean. No pierdas ni un instante de tu vida. Tú te mereces algo más.

Lo que nos lleva a la segunda cosa de la que estoy segura: aunque los motivos por los que nos conformamos con ser «la otra» son complejos (falta de confianza en una misma, baja autoestima, ausencia de amor propio, desconfianza en la propia valía, etcétera), todos ellos son dañinos. El primer punto es innegable: no hay motivo que justifique el acostarse con el marido o el novio de otra mujer sabiendo de antemano que está comprometido. Tú vales más. Si te encuentras enredada en una relación así, te suplico que encuentres el valor de mirar profundamente en tu interior y que, al hacerlo, recurras a la ayuda de otras personas (un terapeuta, un sanador, un consejero espiritual). Cuando estamos inmersas en una relación enfermiza, nos hallamos tan enredadas en nuestras propias mentiras y heridas que no conseguimos ver con claridad. La buena noticia es que no tienes por qué seguir tomando la misma decisión una y otra vez. Si das el primer paso y pides ayuda, estarás dando el primer paso hacia la vida que de verdad deseas.

Podría escribir un libro entero acerca de la tercera cosa de la que estoy segura. Puede que algún día lo haga, pero de momento me conformo con señalar que estaríamos todas mucho mejor si las mujeres dejaran de competir por los hombres y empezaran a apoyarse unas a otras. Seamos claras, por duro que resulte: cuando nos acostamos con el chico de otra, estamos haciendo daño a esa mujer de manera directa. Deberíamos preguntarnos cómo nos sentiríamos nosotras si fuera nuestra mejor amiga o nuestra hermana, ¡o nosotras mismas! Cuando vemos programas de telerrealidad que enfrentan a unas mujeres con otras, nos estamos regodeando en el sufrimiento de nuestras congéneres. Propongo que, como reto, nos preguntemos todas: «¿Qué hay dentro de MÍ que soy incapaz de encarar y que hace que necesite regocijarme en el sufrimiento de otras mujeres?» Cuando emprendemos una acción, ya sea pasiva o directamente, en la que actuamos como perpetradoras o testigos del sufrimiento de otra mujer, estamos asumiendo (y perpetuando) el papel de la zorra astuta y traicionera. Quisiera que entre todas nos planteáramos como reto encontrar un modo mejor de relacionarnos e identificarnos unas con otras, un modo basado en el cariño y el respeto, aunque sólo sea porque tenemos un montón de experiencias parecidas y porque, francamente, a todas nos vendrían bien la sabiduría y la amistad de las otras.

- ¿Alguna vez has sido «la otra»? ¿Cuáles eran tus opiniones acerca de la situación para que la prolongaras? ¿Qué era cierto y cuáles eran las mentiras de las que te alimentabas?

- ¿Alguna vez has visto a una amiga ser «la otra»? Si es así, ¿qué opinabas de ella? ¿Qué puedes aprender de ti misma a partir de su experiencia?

- ¿Cuándo has tomado decisiones dañinas respecto a los hombres debido a tu baja autoestima o a tu falta de confianza en ti misma? ¿Qué tres decisiones no volverías a tomar? ¿Y qué elegirías en su lugar?

- ¿Cuándo te has enfrentado a otras mujeres? ¿Cuándo has juzgado a otra mujer o has extraído placer o diversión de su dolor? ¿Qué obtuviste de ello? Si piensas con franqueza en tu relación con otras mujeres, ya sean amigas, compañeras de trabajo o mujeres a las que ves en televisión, ¿qué te gustaría que fuera distinto?

Para profundizar

ABANDONA EL PAPEL DE VÍCTIMA. ACEPTA TU RESPONSABILIDAD. ES HORA DE VIVIR DE VERDAD.

La sinceridad inquebrantable y sin concesiones exige de toda mujer que abandone el papel de víctima y acepte su total responsabilidad sobre su vida, incluidas sus relaciones de pareja. ¿Qué obtenemos a cambio? La libertad de cumplir nuestros sueños. Encadenadas a nuestros autoengaños no podemos conseguir lo que ansía nuestro corazón, bajo ninguna circunstancia. Por el contrario, seguimos creando reflejos de nuestras mentiras y de sus miedos correspondientes, y normalmente acabamos sintiéndonos como víctimas o mártires, dependiendo del tipo de autocompasión que prefiramos. Pero cuando dejamos de hacernos las víctimas y empezamos a aceptar nuestra responsabilidad, nos damos cuenta de que nosotras mismas hemos creado nuestro sufrimiento y de que podemos optar por cosas distintas, basadas en la verdad, y crear lo que de verdad deseamos.

Uno de los momentos más catárticos de mi vida sucedió cuando una maestra me dijo algo que cambió por completo mi perspectiva acerca de cómo había puesto fin mi ex novio a nuestra relación: la gente es como es. Cuando crees que una persona es otra cosa, te sientes dolida, furiosa y estafada. El hecho es que, aunque los actos y las palabras de un hombre pueden doler, eres tú quien vio en él algo que no estaba ahí. Todo es cuestión de expectativas. Los actos de una persona suelen estar en perfecta consonancia con cómo es esa persona, no con cómo imaginamos que es. Sí, puede que un hombre haya hecho o dicho algunas cosas horribles, pero, si eres sincera acerca de tu verdadero yo, ¿de verdad te sorprende tanto? ¡Deja de hacerte la víctima y acepta la responsabilidad sobre tus circunstancias!

Cuando por fin escuché esas palabras (y me refiero a escucharlas de verdad, de modo que su sonido penetró en cada célula de mi cuerpo), mi vida cambió para siempre. Fue ocho meses después de mi ruptura y, aunque me alegraba de ser libre, seguía sintiéndome extremadamente dolida por lo que había hecho y dicho mi ex. Estaba firmemente plantada en mi victimismo, lo que me permitía culparle a él de todo y conseguir la compasión que merecía. Empecé a darme cuenta, sin embargo, de que mientras siguiera siendo una víctima el dolor no cesaría, por más empatía que recibiera de los demás. Me encontraba en un bucle perpetuo: me sentía rechazada, indigna de amor y convencida de haber hecho algo mal.

Cuando por fin comprendí que la verdadera culpable era *yo* (porque no había estado dispuesta a ver la verdad), comprendí de verdad cómo había creado mis propias circunstancias. Había *permitido* que mi novio me mintiera, que me engañara y, por último, que me dejara plantada. Había mentido otras veces, y yo le había excusado; había dicho que no estaba listo para casarse, y yo le había presionado para que me lo pidiera; no me gustaba en lo que se estaba convirtiendo, así que fingía que no pasaba nada. Éramos los dos infelices, pero no podíamos comunicarnos. Éramos los dos inmaduros, pero no podíamos poner fin a nuestra relación de manera responsable. Si hubiera abierto los ojos y visto cómo era él en lugar de ver al hombre que quería que fuera, no me habría sorprendido que rompiera nuestro compromiso. ¡Qué demonios, lo habría roto yo primero! Pero me aferré a una fantasía para mantener la relación.

Lo más doloroso fue reconocer que me había mentido a mí misma. Había traicionado a Christine y, al hacerlo, había creado mi propio sufrimiento. Asimilarlo fue muy duro, porque me embarcó en el proceso, muy largo y doloroso, de perdonarme a mí misma: por ser una víctima, por haberme faltado al respeto a mí misma y haber faltado a mi propia dignidad, y por haber dado la espalda a mis sueños. Perdonar a mi ex fue pan comido comparado con perdonarme a mí misma. Perdonarle a él requirió compasión y tolerancia. Perdonarme a mí… Para eso tuve que aceptar al cien por cien la responsabilidad por lo que, en último caso, me había hecho a mí misma.

¿Hasta qué punto estás preparada para ser completamente sincera acerca de tu vida y de tus relaciones de pareja? ¿Puedes dejar atrás tus mentiras, al margen de cuáles sean las consecuencias? ¿Estás lista para asumir la plena responsabilidad, libre de cualquier vestigio de victimismo? ¡Vamos a ahondar un poco más para averiguarlo! En primer lugar, desvelaremos cualquier patrón o cualquier historia de victimismo que tengas pendiente. En segundo lugar, nos dedicaremos a transformar al menos una de esas historias de victimismo en una epopeya de empoderamiento. Y, por último, tendrás la oportunidad de asumir un compromiso contigo misma que podría cambiar tu vida.

Desenmascarar a la víctima

- Enumera todos los casos en que te has sentido como una víctima en tus relaciones de pareja. ¿Cuál es el común denominador? Mientras respondes al siguiente cuestionario, fíjate en qué otros temas aparecen.

- ¿Cuándo has preferido ver a tu chico como no era en realidad? Puede que tuvieras expectativas que no podía cumplir y que hicieron que te sintieras mal o que te enfadaras. O puede que te hayas descubierto con frecuencia diciendo cosas como: «Ojalá hiciera…» o «¿Por qué no puede…?, o «No puedo creer que haya…» ¿Cómo te ha restado esto energías o cómo te ha impedido conseguir lo que querías?

- ¿En qué ocasiones te has dejado tratar sin el respeto y el cariño que mereces? ¿Por qué, con toda sinceridad, te traicionaste a ti misma? Recuerda que no hay nada de que avergonzarse: todas lo hemos hecho. Y todas podemos empezar a optar por otras cosas en cuanto queramos.

- ¿En qué facetas de tu vida (en el trabajo, con tu familia, con tus amigos, en tu gestión del dinero, en tus estudios) te has permitido a ti misma adoptar el papel de víctima? ¿Cuál es el patrón recurrente?

Ejercicio: UNA EPOPEYA DE EMPODERAMIENTO

¿Cuál es tu historia?

- Cuenta por escrito, de principio a fin, una relación de pareja en la que te hayas sentido sinceramente como una víctima. Relátala desde el punto de vista de una víctima de las circunstancias en las que te hallabas inmersa y describe qué te influyó para comportarte así. Léela en voz alta.
- Ahora escribe o cuenta esa misma historia desde la perspectiva de la responsabilidad total, haciéndote responsable de todo lo que pasó. Procura no incluir ni un solo argumento que suene a victimismo. Reconoce que tú misma has creado esa realidad. Lee el relato en voz alta.

Elige tu nueva historia

- ¿Qué observas respecto a cómo te hacen sentir los dos relatos? ¿Cuál de los dos te empodera? ¿Cuál de los dos te minimiza? ¿Cuál cuenta la historia de la mujer que quieres ser? Elige el relato que quieres vivir y empieza a contar desde hoy.
- Echa un vistazo a tus relaciones pasadas y presentes en las que te hayas visto a ti misma como víctima, en las que hayas buscado a menudo excusas o culpado a otros

de tus circunstancias, o en las que no aceptaste la responsabilidad de tu situación. ¿De qué manera puedes asumir la responsabilidad de lo que pasó?

- Observa la información que has expuesto en la sección «Desvelar a la víctima». Ahora reflexiona sobre estas cuestiones: ¿De qué cosas *quieres* perdonarte? ¿De qué puedes perdonarte ahora mismo?

Atrévete a comprometerte con la Verdad

Para cambiar el lastre del victimismo por la insignia de la plena responsabilidad, hay que empezar por un compromiso muy concreto con una misma: la sinceridad absoluta, todo el tiempo. Me gusta pensar en este compromiso como en un voto sagrado, porque es tan serio, si no más, que cualquier promesa que podamos hacerle a un hombre. Te invito a hacer un voto de sinceridad total contigo misma.

Para que empieces, incluyo aquí el voto que escribí para mí. Cada una, sin embargo, tiene que encontrar sus propias palabras, una declaración que refleje la promesa que habita en su corazón y su alma y que indique el grado de compromiso que está dispuesta a asumir.

◉ VOTO DE SINCERIDAD CONMIGO MISMA ◉

Prometo ser siempre sincera CONMIGO misma y no esconderme nunca de la verdad, sea cual sea. Me comprometo a buscar siempre la verdad, inquebrantable y sin paliativos, respecto a mí misma y con mi propio yo.

Dedica algún tiempo a escribir el voto concreto que quieres hacer. Practícalo en voz alta un par de veces. Cuando estés lista para pronunciarlo en serio, haz algo especial como encender una vela y tómate unos minutos para concentrarte. Enuncia tu compromiso en voz alta, firme y claramente: «Prometo...» Por último, deja que la promesa y el sentir de tus palabras empapen tu cuerpo, tu mente y tu espíritu.

CAPÍTULO *Tres*

QuererME

¿De verdad ME quiero, toda yo?

LO QUE SIGNIFICA QUERERSE
Y LO QUE EXIGE

*U*na de las cosas más difíciles, esenciales, fabulosas y potentes que debe hacer toda mujer en el curso de su vida es enamorarse de sí misma, tal y como es, absolutamente. Como verás, este tema me entusiasma y me apasiona, y no me importa reconocerlo. No suelo utilizar a menudo el verbo «deber», pero en lo tocante a quererse a una misma, no tengo ninguna duda de que es algo que toda mujer *debe* hacer. ¿Por qué, te preguntarás, soy tan tajante en esto de quererse a una misma? Pues porque tengo clarísima una cosa, y es que, cuando nuestras decisiones, creencias y compromisos se basan en el amor total por el propio yo, *todo* en la vida encaja y ocupa su lugar. Tomamos decisiones y creamos realidades que apoyan lo que *nosotras*, y no quienes nos rodean, queremos de verdad en la vida. Somos capaces de expresar por completo nuestro yo más íntimo, en lugar de inhibirlo. Y por fin dejamos de conformarnos con menos.

Somos muchas las que malgastamos nuestras energías quejándonos de nuestras relaciones de pareja o anhelando un compañero que nos quiera incondicionalmente, cuando lo que de verdad tenemos que hacer es concentrarnos en nosotras mismas. Si no ME quiero yo primero, por más esperanzas que tenga, por más que le dé vueltas al asunto, mis circunstancias no cambiarán. Para crear una relación amorosa sana, hay que empezar por el amor por una misma. Si ME respeto profunda y firmemente a mí misma, cualquier relación que no refleje ese mismo respeto no sobrevivirá. Yo no dejaré que sobreviva. Piensa en alguien a quien quieras profundamente. ¿Permitirías que algo hiriera o entristeciera repetidamente a esa persona? La mayoría de nosotras intentaría protegerla, exigiría algo mejor para él o para ella. Querernos a nosotras mismas no debería ser distinto. Y, sin embargo, con excesiva frecuencia lo es.

Hay muchísimas mujeres que no se quieren de verdad a sí mismas. La mayoría no nos detenemos el tiempo suficiente ni siquiera para entender lo que significa querernos a nosotras mismas, ni hablamos de ello con nuestras amigas, madres o hijas, ni leemos sobre ello en nuestras revistas preferidas, ni lo vemos reflejado en nuestros programas de televisión favoritos. Piénsalo. ¿Cuándo fue la última vez que te preguntaste «¿De verdad me quiero?» Lo más probable es que no lo hayas hecho últimamente, si es que lo has hecho alguna vez. A mí nunca se me pasó por la cabeza hasta que empecé a mirar hacia mi interior en busca de respuestas, intrigada por cómo había acabado manteniendo una relación infeliz que duró quince años y que me hizo conformarme con menos, en lugar de vivir la vida que ansiaban mi corazón y mi espíritu.

Cuando mi vida se paró en seco a raíz de la ruptura con mi ex novio, me vi obligada a mirar de frente las ilusiones que me había hecho respecto a mí misma y a mi relación de pareja. No quería volver a caer en el mismo error, pero no sabía muy bien cómo evitarlo. Lo que aprendí fue que la dificultad estribaba en aprender a querer a Christine, tanto a la que soy ahora como a la que era antes. Acabé comprendiendo cómo mi falta de amor propio había creado mi realidad: una idea que nunca nadie me había transmitido.

Aunque tardé un par de años en descubrir cómo llevar una vida basada en el amor propio, los resultados son visibles de inmediato. En cuanto empiezas tu andadura para descubrir lo que de verdad significa quererte a ti misma, tu vida empieza a cambiar. Para empezar, hazte las tres preguntas siguientes. Para mí se convirtieron en indicadores que me ayudaron a cerciorarme de que estaba, en efecto, queriéndoME a mí primero.

1. ¿ME QUIERO, TODA YO, COMPLETAMENTE Y TODO EL TIEMPO?
   (No hablo de autoestima, ni de gustarte a ti misma, sino de un amor profundo e inamovible por ti misma.)

2. ¿ESTOY COMPROMETIDA CON MI FELICIDAD?
   (¿Es decir, no con la de otra persona, sino con la tuya propia.)

3. ¿CÓMO REFRENDAN ESTAS RESPUESTAS MIS ACTOS Y MIS CREENCIAS?
   ¿O acaso las contradicen?
   (Ahora en serio, ¿lo que haces te da verdadera felicidad?)

Tengo que reconocer que, cuando me planteé por primera vez estas preguntas, no me gustaron mis respuestas sinceras. Durante treinta años había creído que ME quería, pero en realidad no era cierto. Me gustaba en muchos sentidos, sí. Tenía autoestima a montones. Pero verdadero amor propio, en absoluto. Ni siquiera tenía una pista de lo que era. Y, sin embargo, si alguien me hubiera preguntado: «¿Estás comprometida con tu felicidad? ¿Te quieres a ti misma?», habría gritado «¡Sí!» Y habría sido mentira. Debido a mi falta de autoconciencia y a mis miedos, no me habría dado cuenta de que me estaba engañando a mí misma.

Yo, que según los criterios de la sociedad era una triunfadora, creía de veras que lo que me impulsaba era el deseo de ser feliz. Siempre me había sentido segura de cómo soy y me creía capaz de hacer cualquier cosa. Casi siempre perseguía lo que quería, y normalmente lo conseguía. Podría haber sido la personificación misma de la autoestima. Pero, como nunca me había parado a preguntarme: «¿Eres feliz? ¿De verdad refleja tu vida un amor incondicional por Christine?», no me daba cuenta de que mi vida, y especialmente mi relación con el hombre al que quería, me estaba haciendo trizas el alma. Incapaz de ver que no me quería a mí misma, tomé algunas decisiones muy dañinas para Christine. Al echar la vista atrás me doy cuenta de que no me sentía capaz de afrontar la verdad, así que seguí adelante, persuadida de que llevaba la vida que quería llevar. ¡Ja!

Ser sinceras respecto a cómo reflejan nuestras decisiones el amor y el respeto que nos tenemos a nosotras mismas puede ser muy duro para las mujeres. Naturalmente, no queremos reconocer que no nos queremos, o que las cosas que hemos elegido no nos hacen felices. Y tampoco nos apetece proclamar a los cuatro vientos: «¡Eh, oídme todos! ¡Estoy enamorada de MÍ!» o «¡Mi felicidad es lo primero!»

Cargadas con la creencia de que querernos a nosotras mismas es egoísta, preferimos aceptar que, *supuestamente*, debemos entregar desprendidamente nuestro cariño, nuestras energías y nuestro tiempo a otra persona *en primer lugar*, dejando poco, o nada, para nosotras mismas. Esta filosofía ha pasado de generación en generación, no porque beneficie a las mujeres, sino porque está apoyada socialmente. Las mujeres dan, dan y dan hasta que no les queda nada. Postergamos nuestras necesidades y nuestros deseos a fin de cuidar a otros, y acabamos sintiéndonos vacías, frustradas e insatisfechas. Asumimos el papel de mártires creyendo que nuestros sacrificios son el único modo de dar, de amar y de ser «buenas mujeres».

Cuando empecé a comprender el poder de hablar acerca del amor propio y la felicidad y de cómo encontrarlos, me emocioné. Por fin había encontrado la clave para liberarnos del sufrimiento que nosotras mismas habíamos creado. Con irrefrenable entusiasmo compartí mi descubrimiento con otras mujeres, preguntándoles: «¿Estás enamorada de ti misma? ¿Elegirías el MÍ antes que el NOSOTROS y antepondrías tu felicidad?» Las respuestas me deprimieron. Casi siempre demostraban que las mujeres estaban lastradas por el pesado saco de la culpa y la desconexión con el propio yo, como me había pasado a mí misma.

Algunas se apresuraban a contestar que sí casi automáticamente, pero, a pesar de lo seguras que parecían, saltaba a la vista que querían cambiar de tema. Al igual que yo cuando empecé a plantearme estas cuestiones, no querían afrontar la verdad. Para mi sorpresa, otras prácticamente se quedaban sin respiración. Cuando recuperaban la compostura, se lanzaban a una defensa de la entrega y el sacrificio, en la que no faltaba la opinión de que el amor propio es egoísta, narcisista y fantasioso. ¡Arrrg! Me sentí desanimada y triste. ¿Por qué había tantas mujeres que se negaban con vehemencia a quererse a sí mismas? ¿Por qué se empeñaban en proteger creencias que las mantenían inmersas en la infelicidad? Por suerte, mi consternación se veía aliviada cada vez que conocía a mujeres que se paraban a reflexionar cuando se les preguntaba. Las respuestas que daban esas mujeres expresaban la verdad de su experiencia. Sí, querían quererse a sí mismas. Algunas habían aprendido a hacerlo, y la mayoría creía que era algo necesario para todas las mujeres. Les entusiasmaba la idea de que todas las chicas y las mujeres se quisieran a sí mismas.

Hasta que no busquemos *conscientemente* una perspectiva distinta del amor propio, querernos a nosotras mismas y encontrar la felicidad nos parecerá difícil, poco importante y egoísta, quizás incluso imposible. Ésa es la realidad, no hay duda. La buena noticia es que cada una de nosotras tiene el poder de elegir el YO, de hacer del amor propio y la felicidad una parte innegociable de ser mujer. Ya es hora de que redefinamos lo que significa quererME. La culpa y el sacrificio forman parte de una historia ya caduca. La nueva historia nos dice que quererME es el acto más generoso y vivificador que podemos emprender, por nosotras mismas y por todas las personas que forman parte de nuestro entorno. Cuanto más ME quiero, más puedo dar al NOSOTROS, sin mermar mi espíritu y mi fuerza vital. Cuando nos sentimos cuidadas, curadas, amadas y satisfechas, tenemos energías de sobra para compartirlas con las personas a las que queremos. Es como esas normas de seguridad que has oído montones de veces en los aviones: en caso de emergencia, ponte *primero* tu máscara de oxígeno, antes de intentar ayudar a otra persona. Si te desmayas por no poder respirar, no podrás ayudar a nadie. Querernos a nosotras mismas es, de hecho, un acto de desprendimiento, no de egoísmo.

EnamorarME de MÍ misma: lo que significa

Enamorarme de MÍ misma es un viaje, una aventura activa que afecta a todas las facetas de la vida. El concepto de amarse a una misma es tan vasto y tan profundo que puede resultar difícil de entender. Por eso, permíteme que lo exponga en los términos más sencillos posibles. Amarte a ti misma por completo es un compromiso firme y una manifestación activa de

1. conocerte a ti misma;
2. aceptarte;
3. vivir siendo la expresión más plena de tu verdadero YO en todas las facetas de tu vida y
4. atraer y hacer sitio en tu vida únicamente a personas y situaciones que refuercen todo lo anterior.

Que conste que no es un camino lineal, ni estos cuatro enunciados equivalen a «cuatro fáciles pasos para quererte». Enamorarse de una misma no es algo que se produzca de la noche a la mañana, ni siquiera en el plazo de unos meses. Es el resultado de la energía colectiva de una serie de pequeñas cosas (acciones, creencias, convicciones y experiencias) y, si tú lo permites, este amor no dejará de aumentar mientras dure tu vida.

Si bien cada una de nosotras sigue un camino único y singular y encontrará múltiples formas de ahondar en el amor por sí misma y de expresarlo, hay algunas formas muy comunes de ser, de hacer y de mirar que figuran en la lista de cosas imprescindibles para alcanzar el amor propio. He incluido algunas aquí para que te hagas una primera idea. Mientras las lees, reflexiona sinceramente sobre hasta qué punto describen o no tu relación contigo misma.

QuererME: una muestra de lo que implica

SÉ TU MEJOR AMIGA. Que te encante estar contigo misma. Cuando estás profundamente ligada a tu YO, no hay por qué temer estar sola. Tienes que creer firmemente lo siguiente: «Prefiero estar sola a estar con personas que me apartan del sentimiento de bienestar que tengo cuando estoy conmigo misma, ya sean familiares, amigos o un hombre».

SÉ CONSCIENTE DE TU ESPLENDOR Y DE TU BELLEZA. Abraza a la mujer asombrosa que eres cada día. Deja que quienes te rodean también la vean. Cuida como un tesoro tu propio fulgor, sin reservas ni miedo a brillar más que otra persona. Cuanto más radiante eres, más inspirados se sienten los demás a mostrar su propio brillo.

QUIÉRETE POR COMPLETO, HASTA EN LAS COSAS MÁS FEAS. Acepta tus defectos, tus peculiaridades de carácter y tus debilidades. Quiérete por cómo has sido y por cómo eres. Perdónate por tomar decisiones que te perjudicaron. Reconoce las partes más turbias de tu vida y de tu espíritu y ámalas tal y como son.

Toma decisiones guiadas por el amor propio. Emprende únicamente acciones que refuercen tu compromiso contigo misma. Sé siempre sincera sobre lo que aporta o resta una relación de pareja u otra circunstancia a tu amor por TI. Y si no puedes ser sincera contigo misma, pide a una amiga de confianza que te aconseje… y haz caso de lo que te diga.

Cambia tu perspectiva sobre las creencias que se oponen al amor propio. Diles a esas vocecillas negativas que oyes en tu cabeza que se vayan a paseo, tira los «debería» a la basura y deja en la puerta las bolsas de la mala conciencia. Tienes que estar dispuesta a creer en la posibilidad de nuevas posibilidades que engendren y nutran al amor.

Nunca pidas disculpas por ser como eres. Convéncete de que no tienes que justificarte ante nadie por tus decisiones, tomadas desde la integridad y el amor. Confía en cómo eres y no permitas que nadie te diga que deberías ser de otro modo.

Convierte el amor incondicional en un requisito de toda relación. Conserva únicamente la relación con personas (parejas, amigos y familiares) que te aceptan, te quieren y te apoyan tal y como eres. No siempre tienen que gustarles tus decisiones, ni tienen que estar de acuerdo con ellas o comprenderlas, ni tú las suyas, pero el amor sobre el que se basa la relación ha de ser inquebrantable. No tengas relación con personas que no pueden quererte como eres y cuyo amor es condicional e inconsistente. Si no obtienes amor incondicional de alguien a quien te gustaría conservar como parte de tu vida, debes estar dispuesta a pedir ese amor y a ser sincera acerca de cómo pueden dártelo.

DA Y RECIBE. Una de las mejores cosas de quererME es llegar a querer también a otras personas. Quiere a los demás libremente, sin expectativas, sin resentimiento ni aprensión por el resultado.

Esta lista no es exhaustiva: es solamente un punto de partida. Yo sigo todas estas directrices y doy fe del cambio milagroso que puede significar quererME. Utiliza estas directrices para ayudarte a descubrir lo que significa para ti quererTE.

EnamorarME de MÍ misma: lo que requiere

No voy a mentirte y a decir que quererte es tan fácil como exclamar «¡Sí! ¡Me quiero!» El viaje de enamorarse de una misma se desarrolla con el tiempo, a lo largo de toda tu vida, de hecho. A menudo, enamorarse de una misma es liberador y estimulante. Pero también puede ser difícil y doloroso. Exige siempre sinceridad, y a veces supone tomar decisiones difíciles que pueden doler en el momento, pero que son necesarias para transformar la realidad.

En el curso de mi propio viaje, he hecho algunas cosas muy raras y he tomado algunas decisiones que no gustaron a otros, pero así ha de ser. Para amarte a ti misma es imprescindible que salgas de tu zona de confort: debes escuchar a tu corazón y a tu alma y vivir conforme a ellos. A continuación enumero algunas acciones que he emprendido para quererME sinceramente. Me gusta pensar en ellas como en incursiones en el amor propio, o como retos que te llevan más allá de lo cómodo, hasta lo posible. De hecho, para animarme un poco e inspirada por «atrevimiento o verdad», el juego al que jugábamos de pequeñas, he subido la apuesta y me he retado a una partida. ¿Tú que crees? ¿Te atreves a ser tú misma, a quererte y a vivirte? Pruébalo tú también.

VERDAD: Veo mi esplendor y mi belleza.
ATREVIMIENTO: ¡Date amor a voz en grito!
ACCIÓN: Todas las mañanas, antes de hacer nada, busca un espejo, mírate a los ojos y exclama con placer: «¡Te quiero!» Acto seguido, date un abrazo cariñoso, fuerte y gigantesco. Después, en algún momento de la mañana (antes de ir a trabajar), recita el mantra «¡ME quiero!» Dítelo a ti misma en voz alta, con pasión y adoración absolutas: «¡Te quiero, [inserta aquí tu nombre]!» Haz esto cincuenta veces al día.

Tengo que reconocer que, aunque es un modo estupendo de empezar el día, la primera vez que probé esto de quererte-en-el-espejo, me sentí bastante torpe y un poco idiota. Mirarte fijamente a los ojos, mirar hacia el interior, profundamente, y mandarte amor puro es muy difícil, además de bastante estrafalario. Pero me acostumbré a ello y empecé a disfrutar viéndome y dejándome empapar por la energía del amor. Por suerte vivía sola, así que nadie, aparte de *Nanook*, mi perro, pensó que me había vuelto loca. Con el tiempo, para hacer mis cincuenta afirmaciones («¡Quiero a Christine!»), me armé de valor, salí del cobijo de mi cuarto de baño y me fui a pasear por las aceras de Chicago, por la mañana y por la noche. Mientras sacaba a *Nanook*, recitaba cincuenta veces «¡Quiero a Christine!», dos veces al día. De vez en cuando me miraba alguien, sobre todo porque cada vez me sentía más a gusto con la idea de quererME y mis palabras se convertían en cancioncillas y, en días especiales, en auténticas baladas. No me importaba, y a *Nanook* tampoco. Estas afirmaciones me ayudaban, mi patrón de creencias había empezado a cambiar y me encantaba sentirme libre de expresar lo mucho que ME quería.

VERDAD: Tú eres tu mejor amiga.

ATREVIMIENTO: Queda contigo misma para salir por ahí.

ACCIÓN: Piensa en las cosas que más te gusta hacer y que con frecuencia te apetece hacer con otras personas, o que no haces porque no tienes a nadie con quien hacerlas. Concierta una cita contigo misma. Prepárate para ella, dedica tiempo a ponerte guapa como harías si hubieras quedado con un hombre. Acompáñate en la cita: mantente atenta a ti misma todo el tiempo, como si estuvieras viviendo la experiencia de tener una cita y al mismo tiempo observarla como espectadora. Fíjate en cómo te sientes y en cómo reaccionas a distintas cosas a lo largo de la cita. Mírate desde fuera, viendo tu belleza y lo que hay de único en ti (igual que te miraría un hombre con adoración). Sé tú misma. Y si te apetece y te atreves, ¡habla contigo misma a lo largo de la noche!

A medida que se intensificaba mi amor por MÍ, pasé de ser una chica que no podía estar sola (incluso una salida a una tienda abierta 24 horas requería un acompañante) a ser una mujer que se adoraba a sí misma y a la que le encantaba pasar tiempo conectando con su esplendor íntimo. Me llevaba yo sola a cenar, al cine, a exposiciones y a dar largos paseos. Poco a poco comencé no sólo a quererME, sino también a gustarME de verdad, a un nivel mucho más profundo de lo que podía imaginar hasta entonces. Tres años después de mi primera cita con Christine, me fui por primera vez de viaje yo sola, con el único fin de conectar conmigo misma. No era la primera vez que salía de viaje, claro, pero siempre había viajado acompañada o por motivos de trabajo. Esta vez estaba sólo YO. Recuerdo el lujoso lecho de plumas, la cena romántica sentada junto a la chimenea del hotel y el delicioso postre que hice que me llevaran a mi habitación. El pequeño y elegante restaurante de la comarca vitícola del norte de California estaba lleno de parejas, yo era la única que estaba sola y, sin embargo, me sentía completamente a gusto, disfrutando de mi propia compañía y saboreando cada bocado como si fuera un delicioso descubrimiento. Fue una de las primeras veces que recuerdo haber tenido la certeza de que mi fuerte afecto por mí misma se había convertido en verdadero amor.

VERDAD: El amor incondicional es requisito imprescindible de toda relación.

ATREVIMIENTO: No te conformes con nada que no sea el amor incondicional en todas tus relaciones.

ACCIÓN: Somete a examen todas tus relaciones. ¿Cuáles te sirven de apoyo para amar por completo a la mujer que eres en la actualidad? ¿Cuáles no? Sopesa las que no y decide qué quieres de esa otra persona. Sé sincera respecto a lo que puede aportarte y pide lo que quieres. Si él o ella no puede dártelo, pon fin a la relación o establece un nuevo vínculo.

Ésta fue una de las cosas más complicadas, no porque fuera difícil esperar amor incondicional de mi pareja (un amor sin condicionantes ni restricciones), ni tampoco de nadie a quien considere un amigo o parte de mi familia, sino porque en nuestra sociedad hay reglas que dictan que aceptemos restricciones y condicionantes, y a la gente no suele gustarle que te opongas a ellas. Se nos dice: «La familia es la familia», «La conoces de toda la vida, no puedes poner fin a vuestra amistad», «No te lo tomes tan a pecho, aguántate, no es para tanto» o «Hay que aceptar lo bueno y lo malo». Y se nos inculca que éstas son verdades inmutables. No suele ocurrírsenos pensar que *podemos elegir*, y que no tenemos por qué justificarnos ante nadie. La única persona a la que le debo explicaciones es a MÍ misma.

A veces tenemos que romper los lazos con personas a las que queremos, y eso puede ser muy duro. Como las queremos, no deseamos poner fin a la relación, sobre todo si se trata de amantes o parejas. Pero si estamos decididas a querernos a nosotras mismas, debemos desvincularnos de todas las personas que minan nuestra autoestima, nuestra confianza en nosotras mismas y nuestro bienestar. Incluso hay que limitar o romper las relaciones que, pese a no ser manifiestamente destructivas o abusivas, nos impiden llevar la vida que de verdad deseamos o expresar nuestro yo más verdadero. Y, en la mayoría de los casos, no resulta fácil. No nos apetece reconocer que, si queremos seguir creciendo, debemos terminar con una relación concreta.

A veces nuestras parejas nos estorban para alcanzar el amor incondicional por nosotras mismas y pensamos: «Mi chico me quiere, así que ¿por qué le disgusta que alcance la mejor expresión de MÍ misma? ¿Por qué no quiere que sea feliz al cien por cien?» En realidad, muchas personas que no quieren evolucionar se sienten amenazadas cuando quienes les rodean comienzan a crecer o a cambiar sus creencias limitadoras por otras tendentes a reforzar el amor propio. En tales circunstancias, un hombre puede mostrar resistencia, volverse indiferente o amenazar con marcharse. Estas actitudes no tienen nada que ver con el amor, ni con tu felicidad: hablan únicamente de él. Puede que le dé un miedo mortal que se ponga de manifiesto patente que no se quiere a sí mismo y, como no quiere cambiar, tampoco querrá que tú cambies. Te mereces tener a gente en tu vida que apoye a la mujer que eres actualmente y en la que te estás convirtiendo. Pero tendrás que estar preparada para ser sincera. El hecho de que hayas despertado y decidido emprender el camino hacia el amor de TI misma no significa que tu pareja también vaya a hacerlo, de modo que tienes que estar dispuesta a seguir adelante sin él.

Mi ex, que estaba a años luz de quererse a sí mismo, me dijo al final de nuestra relación que pensaba que yo ya no le necesitaba. ¡Y tenía razón! Yo estaba empezando a aprender a quererME a mí misma, lo cual debería haber sido un gran aliciente para nuestra relación de pareja. Sin embargo, mi creciente conexión con mi verdadero YO y su expresión le daba pánico, y acabó contribuyendo a su marcha precipitada. Su amor condicional se basaba en la necesidad condicional, y yo me fui dando cuenta de ello cuando comencé a recuperarme, después de nuestra ruptura. La cuestión se hizo entonces evidente: «¿Quiero estar con un hombre que no me apoya por completo en mi amor por MÍ misma y que quizá no se quiera a sí mismo?» La respuesta fue un «¡No!» rotundo.

❤ Reflexiones sobre MÍ ❤

¿De veras te quieres a ti misma hoy en día? «Todavía no» es una buena respuesta. De hecho, la mayoría de nosotras no nos queremos sinceramente, a no ser que hayamos tomado la decisión consciente de hacerlo y puesto muchísimo empeño en conseguirlo. Utiliza este tiempo de reflexión como un ejercicio para averiguar en qué etapa estás de tu viaje hacia el amor por ti misma. Recuerda que no se trata de un proceso lineal que puedas puntuar con números, porcentajes o notas. Consiste mucho más en advertir cuándo y hasta qué punto te has comprometido con tu verdadero yo y en dar los pasos necesarios para conocer, aceptar y expresar ese yo.

- Piensa en las distintas décadas de tu vida y fíjate en cómo has evolucionado como mujer. ¿Qué hay en ti que te encanta hoy en día? En ese sentido, ¿qué ha cambiado respecto al pasado? Fíjate en lo fácil o lo difícil que te resulta asumir gozosamente lo que hay de genial en ti. Quererte a ti misma significa también celebrarte a ti misma.

- ¿Qué hay en ti que no te gusta, de lo que te avergüenzas o que lamentas? ¿Determinados errores o experiencias del pasado? ¿Hábitos? ¿Aspectos emocionales, físicos o mentales? ¿Te sientes capaz de amar también esas partes de ti, tal y como son hoy? Quererte a ti misma significa aceptarte *por entero*.

- ¿De qué forma restas importancia a tus propios talentos o rechazas los cumplidos? ¿En qué ocasiones te has disculpado por ser como eres? ¿Cuándo te has sentido indigna o insuficiente y te has acobardado y ocultado tu verdadero yo? Quererte a ti misma equivale a expresarte plenamente.

- Piensa en las relaciones que mantienes (con hombres, con mujeres, con amigos, con familiares) y que no refuerzan tu amor por ti misma veinticuatro horas al día, siete días a la semana. Ello puede darse de muy distintas maneras, desde lo evidente (relaciones abusivas, autodestructivas, dramáticas, irrespetuosas) a formas más sutiles, como esas relaciones que te parecen obligatorias o que exigen que des demasiado de ti misma o que toleres comportamientos que te afectan de manera negativa. ¿Qué efecto surten o surtían sobre ti? ¿Qué te impide cambiarlas? ¿Qué decisiones puedes tomar al respecto, desde una posición de empoderamiento? Quererte a ti misma significa tener únicamente relaciones que no te quiten más de lo que te dan.

Quererse a sí misma es un viaje que requiere tiempo, y para la mayoría de nosotras es una idea extraña que nos introduce en sentimientos, experiencias, convicciones y afirmaciones nuevas. Por eso es lógico que el camino para encontrar el amor propio parezca un tanto sombrío. Es aquí donde puede ayudarnos el medidor de felicidad.

El medidor de felicidad

Un modo de medir si vamos bien en nuestro viaje hacia el amor propio es darse una pausa, reflexionar sobre nuestras relaciones o circunstancias vitales y preguntarse: «¿Soy feliz?» Esta pregunta funciona bien en gran medida porque no se trata de nadie más, salvo de ti y de lo feliz que te sientes *tú*. La mayoría podemos decir si nos sentimos felices o no. Pero, por desgracia, nunca nos paramos lo suficiente en la loca carrera de la vida para preguntarnos «¿De verdad soy feliz?» Y en las raras ocasiones en las que nos paramos a reflexionar, la respuesta no suele ser sincera, principalmente porque no nos gusta la verdadera respuesta.

¿Cuántas veces no has querido reconocer tu infelicidad ante otra persona, ni siquiera ante ti misma? ¿Alguna vez has mentido sobre tu sensación de infelicidad o simplemente has esquivado la pregunta porque te sentías incapaz de afrontar la realidad? Todas lo hemos hecho, seguramente tantas veces que hemos perdido la cuenta. Y lo cierto es que no podemos seguir comportándonos así si queremos tener la esperanza de crear las vidas que de verdad deseamos.

Para conseguir lo que de verdad deseas, ya se trate de la vida que llevas o de una relación de pareja, es necesario que te comprometas tanto con tu amor propio como con tu propia felicidad. Son dos cosas que van siempre juntas, como dos siameses. Sin amor propio, ponemos nuestra felicidad en manos de otros y nos plegamos y cambiamos según su capricho, sus necesidades o su influencia. Sin un compromiso firme con *nuestra* propia felicidad, nos sacrificamos y cedemos, y aunque quizá consigamos la aprobación de otras personas o incluso satisfagamos sus deseos, nuestra felicidad queda siempre al margen.

Elegir la felicidad propia exige inevitablemente algunas decisiones difíciles y una buena cantidad de esfuerzo para cambiar viejos patrones de conducta, creencias y comportamientos. Nos han enseñado a conformarnos con menos, a anteponer a los demás sin pensar en nosotras mismas, a actuar por obligación y a ser extremadamente modestas (y, dicho sea de paso, hacer cualquiera de estas cosas es la antítesis de quererse a una misma). Elegir tu propia felicidad exige también que cumplas tu promesa de ser siempre sincera contigo misma, inquebrantablemente y sin medias tintas. Sé por experiencia que es muy fácil mentirse cuando se presenta una decisión difícil o una distracción irresistible, o cuando la verdad parece demasiado costosa de asumir.

He visto a mujeres aceptar el desafío de enamorarse de sí mismas con toda la intención de llevarlo a cabo y que luego, a las pocas semanas, propician una situación (muchas veces una relación de pareja) que va en contra de su amor propio. Yo les pregunto: «¿Cómo va tu aventura de quererte a ti misma?» Casi siempre la respuesta, al margen de cuál sea la verdad, es: «Genial. Va genial». Puede que incluso me lo digan cuando acaban de meterse en otra relación de pareja que mina su respeto por sí mismas, o cuando acaban de aceptar una obligación familiar con la que no quieren tener nada que ver, o cuando han aceptado un trabajo que va en contra de cómo son o de lo que de verdad desean. Es muy fácil que nos engañemos cuando no queremos ver la verdad. Ahí es donde entra la pregunta acerca de la felicidad. Es un detector de mentiras instantáneo, un auténtico medidor de felicidad. Cuando le pregunto a una mujer inmersa en una situación en la que no se está queriendo a sí misma: «¿De verdad eres feliz?» o «¿Tus actos y tus creencias son un reflejo de esa felicidad?», puede que conteste que sí, pero nunca lo hará con convicción. La verdad casi siempre aflora y, aunque puede que el problema no se resuelva inmediatamente, la mujer en cuestión tiene una idea mucho más clara de lo que es quererse a sí misma y lo que no.

La historia de Cora

Le hablé a mi amiga Cora de mi medidor de felicidad para ayudar a arrojar luz sobre su sufrimiento autoinfligido, derivado de una relación de pareja insatisfactoria que ella misma había elegido. Cora había reconocido que tenía que aprender a querer a Cora. Estaba haciendo progresos en lo tocante al amor propio, yendo a terapia, leyendo libros de autoayuda y escribiendo un diario, pero esos progresos eran muy lentos. Para ser una mujer que conseguía todo lo demás con más rapidez que la mayoría de la gente, su viaje hacia el amor de sí misma avanzaba a paso de tortuga y por un único motivo: un hombre.

Había estado saliendo y se había enamorado de Jerod, un hombre que no estaba disponible. Jerod, que jugaba a dos bandas, la de Cora y la de su novia, sólo podía ofrecerle unas relaciones sexuales fantásticas y una amistad muy superficial. Nunca le prometió nada más. Pero, convencida de que su amor prevalecería, Cora siguió creyendo fervientemente que algún día Jerod la elegiría a ella y abandonaría a su novia. Ningún argumento hacía mella en su apego inquebrantable hacia Jerod. No podía reconocer que era una relación humillante y que no hacía nada por ayudarla a quererse a sí misma, lo que es aún peor.

Las cosas cambiaron cuando empezamos a hablar de la felicidad. Durante un tiempo, Cora había sido feliz conformándose con lo que podía obtener de Jerod, pero ahora ya no le bastaba con eso. Ya no era feliz. No podía negar que estaba triste y que se sentía fatal cuando se despertaba sola por las mañanas, después de una noche de apasionada conexión física. Estaba celosa de las parejas enamoradas que se dejaban ver en público. En cuanto reconoció lo infeliz que era, decidió que era hora de preferirse a sí misma antes que a su relación con Jerod, y así lo hizo. Por primera vez, la felicidad de Cora se antepuso a la de Jerod. Cora le habló de su infelicidad y aun así él no pudo ofrecerle otra cosa que seguir en los mismos términos. Entonces puso fin a la relación y, como la verdadera estrella de rock que es, avanzó de golpe años luz en su viaje hacia el amor de sí misma. Ahora es más feliz y está empezando a comprender que tiene el poder de generar alegría y felicidad para sí misma mediante las decisiones que toma.

Te animo a utilizar como barómetro la pregunta, «¿Soy feliz?», y a preguntarte a continuación: «¿De verdad mis actos y mis creencias apoyan mi respuesta?» El concepto del amor propio puede ser muy nebuloso, sobre todo al principio. La felicidad, en cambio, siempre sabe una si la siente o no la siente. Piensa en cómo te sientes cuando eres feliz. Ve más allá del acto de sonreír, hasta esa sensación de profundo hormigueo que notas en el corazón y en el alma. Y recuerda luego cómo te sientes cuando esa felicidad desaparece o surge otro sentimiento, como la ira, la ansiedad o la desesperación. Es difícil confundir esas cosas con la felicidad.

La felicidad: un estado del ser, no una emoción

Hay una cosa acerca de la felicidad que suele crearnos confusión: la distinción entre la dicha como emoción y el estado de verdadera felicidad. Si me lo permites, a modo de preámbulo comenzaré diciendo que hay centenares de libros acerca de la búsqueda de la felicidad, innumerables tradiciones espirituales fundadas en ella y un sinfín de gurús en todo el mundo que tratan de enseñarla. No voy a lanzarme a una disertación sobre el sentido de la vida, pero creo que es importante señalar la diferencia entre la emoción y el estado de felicidad para que puedas interpretar con acierto mi «medidor de felicidad».

El modo más sencillo en que puedo enunciarlo es éste: la verdadera felicidad no equivale a ir por ahí con una enorme sonrisa en la cara cada segundo del día. La verdad es que experimentamos multitud de emociones que no nos hacen sonreír: tristeza, preocupación y miedo, por nombrar sólo unas pocas. Cuando un hecho suscita en nosotros esos sentimientos, las ganas de sonreír pueden quedar a miles de kilómetros de distancia. Y así debe ser. Las emociones no son ni buenas ni malas. Simplemente son. Vienen y van a cada instante, y nuestro trabajo consiste únicamente en tenerlas, reparar en ellas, tomar decisiones y dejarlas ir.

La dicha, como emoción, no es lo que medimos al preguntarnos: «¿Soy feliz?» Cuando reflexiones sobre tu felicidad, quiero que pienses en tu estado general del ser, que alcances un sentir mucho más hondo de la alegría, en el corazón y en el alma, un sentir que pueda hallarse incluso cuando la vida se torna difícil. Es un sentimiento de plenitud, al margen de lo que esté sucediendo fuera de ti. Esa clase de felicidad no es ni temporal, ni dependiente de los cambios de tu entorno. O está dentro de ti o no lo está. O tienes ese sentimiento de plenitud o no lo tienes, y las relaciones de pareja suelen ser factores que contribuyen en gran medida a una u otra cosa.

Mi viaje hacia el conocimiento de esa clase de plenitud y felicidad comenzó cuando me di cuenta de que la responsable de mi infelicidad era *yo* misma, y de que no tenía ni idea de dónde surgía la verdadera felicidad. Aparentemente, mi «feli-zómetro» debería haber marcado el máximo en cuanto me libré de una relación de pareja que era tóxica para mí e insatisfactoria. Al fin y al cabo, había alcanzado numerosos logros materiales y tenía una carrera prometedora, una formación excelente y una cuenta bancaria decente. Mis amigos me apoyaban y se preocupaban sinceramente por mí. Había iniciado una relación con un hombre maravilloso: amable, generoso, considerado y carismático, y al que además le gustaba tal y como era. Tenía más que la mayoría de la gente y, sin embargo, ansiaba más. En realidad, sería más preciso decir, no que ansiaba más, sino que ansiaba «otra cosa».

Con el tiempo me di cuenta de que había estado buscando la verdadera felicidad en el lugar equivocado: fuera de mí misma. El núcleo fuerte y sólido que buscaba sólo existía dentro de mi conexión conmigo misma (con mi alma) y con una fuerza mayor que mi ego, la sociedad o el planeta: mi fe y mi conexión con la providencia, con lo divino, con el universo o como quieras llamarlo. Es el lugar de la verdadera fe y de la confianza en que, pase lo que pase, todo saldrá bien. Es saber que, aunque puedan encantarnos nuestros zapatos de diseño y nuestro BMW, nuestra felicidad no depende de ellos. Nuestra alegría y nuestro amor proceden de saber lo que de verdad es importante para MÍ y llevar una vida que sea un reflejo de ello. Surgen de la conexión con el propio yo, tanto físico como espiritual, y de la libertad de expresar plenamente y sin reservas nuestro yo más auténtico. La forma en que cada una lo descubre y lo experimenta es distinta, pero, si queremos alcanzar la felicidad, todas tenemos que hacer ese descubrimiento.

- ¿Te hacen feliz tus relaciones (con tu pareja, con tus amigos, con tu familia)? Cierra los ojos e imagínate conectando con cada una de las personas de tu círculo más íntimo. ¿Cómo te sientes cuando estás con ellos? ¿Y después de haber pasado un tiempo en su compañía? Fíjate en cuándo te sientes viva y rebosante de energía y en cuándo te sientes agotada o triste. ¿Qué conclusiones sacas respecto a tu felicidad?

- Si has contestado que sí eres feliz en tus relaciones personales, ¿cómo refrendan ese hecho tus actos y tus creencias? ¿En qué sentido son incongruentes?

- Si has contestado que no, ¿cuál es tu mayor fuente de infelicidad? ¿Por qué has consentido en seguir siendo infeliz? ¿Cuándo te has dejado llevar por el victimismo? ¿En qué ocasiones te has sentido empoderada? ¿En qué sentido sería distinta tu vida si cambiaras tu relación o relaciones? ¿Qué tres pasos puedes dar para que se produzca ese cambio?

Es decisión nuestra

En resumidas cuentas, si no concluimos que querernos a nosotras mismas es una prioridad, puedes estar segura de que nadie va a hacerlo. Si no damos tanta importancia a nuestra propia felicidad como a la de los demás, acabaremos por arrumbarla. Cuando elegimos el YO por encima de la culpa y el sacrificio, adquirimos el poder de reivindicar cotidianamente nuestro amor propio y nuestra felicidad. Y, una vez tomada esa opción, todo es posible. No sólo podemos forjarnos una vida extraordinariamente satisfactoria, sino que también podemos experimentar la dicha de dar y recibir amor incondicional. Toda mujer merece estar completamente enamorada de sí misma y gozar de una felicidad plena. No permitas que nadie, ni siquiera tú misma (¡tú misma menos que nadie!) te diga lo contrario.

Para profundizar

¿QUÉ COSAS ME INFLUYEN?

Como ya he dicho, el viaje hacia el amor propio no es un sencillo plan en tres pasos. Y como todos los cambios que efectuamos en nuestro interior, siempre es más fácil abordar las áreas que de manera más evidente necesitan una transformación. Convertirnos en nuestro verdadero yo es como pelar una cebolla: quitamos y quitamos capas hasta llegar al centro. El amor propio y la felicidad ya existen en el núcleo de nuestro ser. Sólo tenemos que retirar las capas que nos impiden acceder a ellos.

Ya he hablado de cómo eliminar algunas de las barreras que nos impiden alcanzar el amor propio, pero todavía hay más. Vamos a examinar algunas de las capas que se esconden bajo la superficie, indagando en los ideales, los pensamientos y las nociones preconcebidas (tanto conscientes como inconscientes) que puedes tener respecto al hecho de quererte a ti misma o de anteponer tu felicidad a la de los demás. Nuestras vidas se ven influidas constantemente por las imágenes, opiniones, actitudes y creencias que nos rodean, desde el nacimiento a la muerte. Al arrojar luz sobre esas fuerzas, podemos comprender mejor qué ideas orientan *de verdad* nuestras decisiones y nuestros puntos de vista. Si queremos ser plenamente responsables de nuestras vidas, debemos distinguir con toda claridad entre los ideales de otros y los nuestros propios. Sólo entonces seremos libres para crear la vida que ansía nuestro espíritu. ¿Estás dispuesta a ver lo que te está influyendo de manera que puedas tomar *decisiones conscientes*? Si es así, vamos allá.

Ejercicio: LA RUEDA RESTRUCTURANTE

Antes de meternos en faena, quiero dejar claro que lo que sigue no es un ejercicio que se me ocurriera a mí o que aprendiera en un taller de fin de semana. Estoy a punto de llevarte de viaje hacia algo llamado la Rueda Restructurante, una de las muchas ruedas medicinales basadas en la profunda sabiduría de los pueblos indígenas y utilizadas para ayudarnos a contemplar nuestra vida desde otros ángulos. Esta rueda me la enseñó mi maestra Pele Rouge, una mujer que se parece a ti y a mí pero que, tras años de estudio, ahora es la depositaria de las antiguas Enseñanzas Populares sobre la Sabiduría de la Tierra del Ehama Institute. Yo misma he hecho infinidad de viajes a través de la Rueda Restructurante, y siempre he sacado en claro algo que antes no veía. Te invito a vivir esta misma experiencia por ti misma.

Para empezar, coge unas cuantas hojas de papel en blanco y algo con lo que escribir. Dibuja en el centro de la primera hoja un gran círculo que llene casi todo el papel, dejando tres o cuatro centímetros en los márgenes. En el centro del círculo, escribe las palabras «Amor propio» y «Anteponer mi felicidad». Ahora imagínate el círculo como una brújula y señala los cuatro puntos cardinales: norte, sur, este y oeste. En la parte norte del círculo, es decir, arriba, escribe «Creencias». Al oeste, escribe «Actitudes»; al sur, o sea, abajo, escribe «Opiniones» y, al este, escribe «Imágenes». Estás a punto de sumergirte profundamente en las cuatro áreas de influencia: las imágenes, las opiniones, las actitudes y las creencias que afectan a tu capacidad para quererte a ti misma y dar prioridad a tu felicidad.

Desvelar las Imágenes, las Opiniones, las Actitudes y las Creencias que ME influyen

Al examinar estas cuatro áreas de influencia, recuerda que te has embarcado en una expedición para descubrir lo que está afectando (a veces de manera consciente, pero casi siempre en un plano inconsciente) a tu percepción del amor propio y la felicidad y a tus ideas al respecto.

Mientras te preparas para abordar cada uno de los puntos cardinales, mira primero el centro del círculo y lee en voz alta las palabras que has escrito en él. Luego vuelve al libro y, empezando por el este, es decir, por la sección «Imágenes», lee de principio a fin el párrafo relativo a ese tema. Relee luego las preguntas del párrafo acerca de las imágenes, una por una, haciendo pausas entre cada una para reflexionar sobre acontecimientos de tu pasado, así como de tu presente. Medita seriamente sobre cada pregunta y, cuando estés lista, anota en una hoja de papel aparte todo lo que se te ocurra en respuesta a ellas. Utiliza tantas hojas de papel como necesites. No te censures. No pienses demasiado, ni te esfuerces por buscar las respuestas «correctas». Abre las compuertas y deja que fluyan las palabras, atrapando todo lo que surja. Piensa en ello como en una tormenta de ideas: no hay respuestas acertadas, ni equivocadas. Sólo tú vas a verlas, así que rétate a ti misma. Incluso cuando sientas que se te han agotado las ideas, sigue adelante. Siempre hay más, y muchas veces las mejores reflexiones aparecen al final. Tu meta es acabar teniendo una lista exhaustiva de respuestas a las preguntas acerca de cada una de las cuatro áreas de influencia.

Cuando hayas acabado con las «Imágenes», pasa a la siguiente pregunta siguiendo el sentido de las manecillas del reloj: «Opiniones» (sur). Y así hasta que hayas pasado por las cuatro áreas de influencia, finalizando con «Creencias» (norte).

Imágenes

Las imágenes que tenemos en la cabeza proceden de los medios de comunicación y de la cultura popular. Pensando en imágenes de amor propio y felicidad personal, recuerda los programas de televisión y las películas que has visto, o la música que has escuchado, tanto grabada como en directo. Piensa en gente famosa o en personas que te sirvan como referente. Recuerda acontecimientos pasados y presentes, tanto nacionales como foráneos, y a las personas implicadas en ellos. ¿Qué representaciones visuales afloran? Rastrea tu vida desde la infancia hasta el día de hoy. ¿Qué o quién te viene a la cabeza cuando piensas en mujeres y hombres que se quieren a sí mismos? ¿Y en mujeres que dan prioridad absoluta a su felicidad? Anota todas las imágenes que se te ocurran.

Opiniones

Nuestras opiniones están influidas por nuestros amigos. En tus años de adolescencia y a principios de la veintena, ¿qué opiniones te formaste, basadas en lo que pensaban tus condiscípulos, sobre el amor propio y la felicidad propia como prioridad vital? Durante esos años formativos, ¿qué aprendiste sobre el amor por una misma? ¿Y sobre el empeño de ser feliz? ¿Qué pensaban tus amigos? ¿Qué opiniones sobre la felicidad y el amor propio podías expresar libremente? ¿Qué habría sido tabú pensar, decir o hacer? ¿Qué tenías que creer a fin de integrarte en tu entorno? Anota todas las opiniones que te vengan a la memoria.

Actitudes

Nuestras actitudes están influidas por nuestra familia. ¿Qué ideales acerca del amor por una misma o acerca del hecho de anteponer la propia felicidad admiraba o desdeñaba tu familia? ¿Qué actitudes y comportamientos eran aceptables en el seno familiar? ¿Cuáles no lo eran? ¿Qué frases de uso corriente empleaban los miembros de tu familia para expresar sus convicciones respecto al amor propio y la felicidad (por ejemplo: «Los demás son siempre lo primero» o «Pensar en ti misma es egoísta»)? ¿Qué patrones familiares han provocado conductas recurrentes a lo largo de múltiples generaciones: en abuelas, madres, tías e hijas (por ejemplo, las mujeres desempeñan un papel de subordinación en la familia, o siguen casadas pese a que sus matrimonios sean infelices, etcétera)? Escribe todas las actitudes que salgan a la luz.

Creencias

Las creencias están influidas por instituciones sociales tales como el colegio o la iglesia. ¿Qué ideas acerca del amor propio y la felicidad te inculcaron la escuela y las instituciones religiosas durante tu primera infancia? ¿Y en tu adolescencia? ¿Y en la veintena? ¿Y en la treintena y con posterioridad? Con frecuencia, las creencias cambian a medida que una se hace mayor (es decir, que lo que creías antes de ir a la universidad cambia después de acabar tus estudios; o si te educaron como católica pero más adelante te haces budista, tus creencias se transforman). Anota todas las creencias que te enseñaron y que te han influido a lo largo de tu vida, incluso si desde entonces las has sustituido por otras nuevas.

Descubrimiento y decisión

Cuando hayas acabado, repasa tus notas y busca tres cosas: primero, temas recurrentes (ideas que destacaban o que salen con frecuencia). Segundo, ideas que te molestan o perturban y que te gustaría cambiar. Y tercero, ideales que te gustan de verdad. Rodéalas con un círculo o subráyalas. Ésas son las ideas que influyen en tu amor propio y en tu felicidad, aunque antes no fueras consciente de ello.

Una vez identificadas, es hora de considerar con franqueza tus puntos de vista respecto a la felicidad y el amor por UNA MISMA. ¿Cómo afectan a tu vida? Decide qué ideales y qué enfoques quieres conservar y de cuáles quieres desprenderte o transformar. Revisa las imágenes, las opiniones, las actitudes y las creencias que has subrayado y reflexiona sobre las preguntas de las dos listas siguientes.

Descubrimiento

- ¿En qué sentido influyen tus imágenes, opiniones, actitudes y creencias sobre tus decisiones y tus actos? ¿Positiva o negativamente?
- ¿Cómo te ayudan a quererte a TI MISMA y en hacer que priorices tu felicidad?
- ¿Cómo impiden que te quieras a TI MISMA y que pongas tu felicidad por delante de todo?
- ¿Cómo hacen que eludas ciertas acciones que te ayudarían a quererte más?

Decisión

- ¿Qué imágenes, opiniones, actitudes y creencias te gustaría conservar?
- ¿De cuáles te gustaría desprenderte?
- ¿Cómo puedes transformar tus creencias limitadoras en posibilidades de expansión? Una forma es reformular las ideas que ya no te sirvan para transformarlas en enunciados positivos que refuercen una vida de amor y felicidad: ¡nuevas afirmaciones! ¿Qué otras cosas puedes hacer?

Compromiso

Al final, quererte a TI MISMA se reduce a tu voluntad de entablar compromisos contigo misma y de vivir conforme a ellos. A veces ceñirte a esas promesas exige que hagas cambios no sólo en ti misma, sino también en tus relaciones personales y con tu entorno. Decidir puede ser difícil, los cambios pueden ser muy duros y las circunstancias incómodas. Pero casi siempre, cuando actuamos desde el amor por una misma, el resultado supera con creces nuestras expectativas más optimistas. Así que te pregunto a ti, mujer valiente, brillante y maravillosa, si estás dispuesta a hacer esas promesas, recordando que, como sucede con cualquier promesa, puedes cambiar el enunciado para que encaje exactamente con lo que brota de tu corazón y tu alma.

⊜ PROMESAS DE AMOR PROPIO Y FELICIDAD ⊜

Yo, [insertar nombre], prometo
- enamorarme más y más de mí misma cada día, el resto de mi vida;
- hacer de mi propia felicidad una prioridad, en toda circunstancia; y
- actuar y decidir siempre teniendo como guías el amor propio y la felicidad.

Si estás dispuesta a hacer estos votos, ¡genial! Al igual que hiciste con el voto de sinceridad, busca las palabras que te parezcan más adecuadas para ti, crea un espacio sagrado y enuncia tu promesa en voz alta. Si todavía no estás segura de que quererte y elegir tu propia felicidad sea prioritario, tómate un tiempo para meditar sobre ello. Saca a colación la posibilidad de amarse a una misma en tus conversaciones durante las próximas dos o tres semanas. Prueba a hacer algunas cosas de las que hemos hablado en este capítulo. Fíjate en cómo cambias tú y en cómo cambia tu vida cuando el amor propio y la búsqueda de la propia felicidad te sirven como guías. Luego vuelve a leer las promesas de amor propio y felicidad y tómate tu tiempo para encontrar las palabras más adecuadas en tu caso. Haz la promesa que te parezca perfecta para ti.

CAPÍTULO Cuatro

Confiar en MÍ

¿Quién es quien habla dentro de mí?

ACEPTAR TU INTUICIÓN

*L*a intuición, a la que a veces nos referimos como una «corazonada», un «barrunto» o un «sexto sentido», es indudablemente la mejor amiga y el aliado más poderoso de una mujer. La intuición me pone a MÍ primero, sin excepciones: nunca nos abandona en nuestros momentos de necesidad y, si aprendemos a confiar en ella, nos conduce invariablemente hacia la verdad, incluso durante los periodos de absoluta incertidumbre. Nuestra intuición sabe lo que es mejor para nosotras (y lo que no lo es), incluso cuando creemos no tener ninguna pista al respecto. Nos brinda la respuesta sincera que nadie más puede brindarnos y nos previene cuando intentamos actuar de un modo contrario al amor propio.

Es un bien valiosísimo, inapreciable incluso, pero ¿qué hacemos la mayoría de nosotras con nuestra intuición? Por desgracia, solemos ignorarla o, lo que es peor, fingir que ni siquiera está ahí. ¡Esto tiene que cambiar! Sin nuestra intuición, el miedo, la mentira y los espejismos nos ganan la partida una y otra vez. Sin la ayuda de este saber interior, centrado y agudísimo, es muy probable que nos dejemos influir por otros, que nos conformemos con menos de lo que merecemos y que dejemos de lado nuestra felicidad. No te puedes permitir el lujo de pasar ni un día más sin aprender a confiar en tu amiga más sabia y fiel. Tu vida depende de ello.

¿Qué es exactamente la intuición?

El diccionario define la intuición como «la percepción clara e inmediata de una idea o situación sin necesidad de razonamiento lógico». No es de extrañar que nos cueste tanto comprender, creer y confiar en la intuición: no es algo lógico, ni científico, ni fácil de ver con nuestros ojos. Ello no significa, sin embargo, que no sea muy, muy real.

Todo ser humano tiene intuición. Todos la hemos experimentado en algún momento (en forma de voz interior, de sensación, de presentimiento o de intensa certeza), incluso si en ese instante no la identificamos como nuestra «guía interior». Piensa en una situación en la que estuvieras convencida de que iba a pasar una cosa, como que una persona concreta fuera a llamarte por teléfono. Esa persona apareció de repente en tus pensamientos y un minuto después sonó el teléfono y era ella o él diciéndote hola, a lo que, naturalmente, tú respondiste: «¡Justo ahora estaba pensando en ti!» Eso era tu intuición. La intuición es también lo que hace que una madre se despierte justo *antes* de que su bebé empiece a llorar. Su conexión íntima con ese niño la despierta para que esté preparada para atender las necesidades del bebé. ¿Cuántas veces se les pregunta a las madres: «¿Cómo sabías que [inserta una situación que involucre a un hijo o una hija]?», y ellas contestan: «Lo sabía, así de sencillo»? Naturalmente, confiaban en sus instintos naturales, en su intuición, al margen de la lógica.

Pero, como no podemos ver la intuición con los ojos ni comprenderla lógicamente, es posible que neguemos su relevancia y su poder, y hasta su misma existencia. Incluso aquellas de nosotras que han experimentado de manera consciente su poder seguimos dudando a menudo de él. Nos han lavado el cerebro para que no confiemos en nuestro saber interior. En nuestra sociedad, basada en la lógica, reconocer haber tomado una decisión fundada en un presentimiento o en una voz interior sería sencillamente una locura.

En mi opinión, estamos muy equivocados. Menospreciar algo que no puede explicarse recurriendo a la lógica, pese a que funcione, ¡eso sí que es de locos! Si da resultados excelentes, ¿por qué no asumimos plenamente nuestra intuición aprendiendo a confiar en ella y a sintonizar con su inmenso poder? Siempre está ahí, informándonos, lo reconozcamos o no. Y cuanto más recurrimos a ella, más fuerte se vuelve.

¿Recuerdas alguna vez en que supieras que algo estaba bien o mal sin tener pruebas fehacientes? Simplemente «lo sabías». Tenías una «sensación insidiosa». Te hablaba una voz que nadie más podía oír. Tu instinto visceral daba su opinión alto y claro. Que tú decidieras no hacerle caso es otra historia. Mi amiga Carli, por ejemplo, oyó que alguien gritaba dentro su corazón y su cabeza: «¡No! ¡No quiero casarme contigo!» cuando su chico se lo propuso. Sabía en lo más hondo de sí misma que no quería casarse con él. Por desgracia, no hizo caso y, de resultas de ello, pasó seis años atrapada en un matrimonio infeliz y luego tres años más intentando restablecerse.

Piensa en tu propia vida y en las veces en que sabías lo que debías hacer, qué respuesta debías dar o qué decir, y no porque tuvieras ningún dato concreto. Tu certeza se basaba no en la lógica, sino en la intuición.

Nuestra guía interior intenta hablarnos de maneras muy distintas. Puede que tengamos una certeza repentina o una sensación en lo profundo de nuestro ser. Puede que oigamos una voz dentro de nuestra cabeza, como si de verdad alguien estuviera dirigiéndose a nosotras. O puede que veamos imágenes desfilando por nuestra mente, estemos despiertas o dormidas. Puede incluso que la intuición intente llamar nuestra atención mediante señales externas o «coincidencias». Yo no creo en las coincidencias. He aprendido a confiar en que todo lo que parece una coincidencia sucede en realidad por alguna razón, y creo que si prestamos atención podemos beneficiarnos de lo que ello puede aportarnos y enseñarnos. Por ejemplo, cuando una persona con la que no hablábamos desde hace años vuelve a aparecer casualmente en nuestra vida por algo que necesitamos. O cuando pasa un autobús delante de nosotras con un anuncio en el lateral que responde a una duda que teníamos en mente. O cuando nos encontramos en algún lugar en el momento preciso. Con excesiva frecuencia, restamos importancia a esas situaciones como si fueran cosas del azar, cuando lo que deberíamos hacer sería prestar oídos a lo que intenta decirnos nuestra intuición.

❤ Reflexiones sobre MÍ ❤

Piensa en el vínculo que tienes ahora mismo con tu intuición.

- ¿Qué relación tienes con tu intuición? ¿Estás conectada íntimamente a ella, tienes facilidad para escucharla y confías en ella de manera implícita? ¿O recuerdas ocasiones en que estabas convencida de algo sin motivo aparente, o escuchabas una voz, o tenías un sueño que parecía significar algo, pero no supiste qué hacer al respecto o no creíste que lo que te estaba diciendo fuera real? ¿O estás totalmente desconectada de tu intuición, por no haber sentido, visto u oído nunca sus advertencias?

- ¿Cuáles son tus creencias respecto a la intuición? ¿Crees que la lógica es más importante que la intuición, o al contrario? ¿O quizá te sitúas en un punto intermedio?

- ¿En qué casos concretos confiaste en tu intuición? ¿Cuál fue el resultado? ¿Por qué decidiste hacerle caso?

- ¿En qué casos concretos desoíste a tu intuición? ¿Cuál fue el resultado? ¿Por qué no le hiciste caso o dudaste de ella? ¿Qué habría cambiado si la hubieras escuchado?

- ¿De qué manera tiende a comunicarse contigo tu intuición? ¿«Sabes» cosas, sin más? ¿Las sientes en el cuerpo? ¿Oyes sonidos o voces? ¿Ves imágenes, ya sea despierta o dormida? ¿Cómo te notas (física, mental y emocionalmente) cuando actúas de acuerdo con tu intuición?

¿Por qué no escuchamos?

Si bien puede haber muchos motivos para que las mujeres ignoren su intuición y elijan, en cambio, la lógica, la obligación y el miedo, no hay ningún *buen* motivo para que guardemos a este aliado mágico en el armario. Nos debemos a nosotras mismas y a todas las mujeres que siguen nuestros pasos sacar a la luz la intuición (nuestra mejor amiga) y convertirla en tema de debate.

Nuestra sociedad es uno de los mayores enemigos de la intuición. Aunque todos los hombres y mujeres nacemos con un saber interno, se nos condiciona para que lo bloqueemos a cambio de interiorizar las normas sociales y el pensamiento racional. Por más que la intuición haya guiado a las mujeres durante siglos para hacerlo todo, desde criar a un hijo a salvar un pueblo, la sociedad occidental nos enseña a aceptar sólo lo que vemos, lo que tocamos, en lugar de lo que conocemos, percibimos y sentimos en nuestro fuero interno. La intuición no está entretejida en el modo de vida occidental: no es un tema para la hora de la cena, ni para los medios de comunicación mayoritarios, ni para las charlas madre e hija. En un sistema de creencias en el que el hecho es el rey y a la intuición se la trata como a un bufón, ésta siempre lleva las de perder.

Esto nos conduce inevitablemente a tomar decisiones basadas en la obligación: otro enemigo de la intuición. Con independencia de lo que podamos intuir que es lo mejor, cuando el sentido de la obligación es quien lleva la voz cantante, los «debería» se imponen a todo lo demás. Debería hacer esto, debería hacer aquello. Si no hago esto, entonces esa persona se enfadará, se llevará un disgusto, etcétera. Me estremezco al pensar en cuántas mujeres viven de acuerdo con los «debería» en lugar de escuchar el dictado de su voz interior. A nuestra intuición le traen sin cuidado los «debería». Su prioridad absoluta es *siempre* encontrar lo que más nos conviene. ¡Menos mal! Al contrario de lo que nos han hecho creer a muchas, ello no la convierte a ella ni nos convierte a nosotros en egoístas. La convierte en nuestra aliada en la misión de elegir el YO antes que el NOSOTROS, en una aliada que nos guía a la hora de tomar decisiones conducentes a quererME y a vivirME.

La última fuerza que voy a mencionar contraria a la intuición es el miedo, posiblemente la más destructiva de todas ellas. Nada nos desalienta más a la hora de seguir nuestra intuición, ni nos hace más daño, que esta palabra de cinco letras. La triste verdad es que es mucho más probable que tomemos decisiones basadas en el miedo que en nuestro saber interno. El problema es, en parte, que, como oyentes poco avezadas, a menudo confundimos la voz de la intuición con las pullas nefastas del miedo. Y cuando el miedo toma el control, ¡cuánto podemos complicarnos la vida! Si tenemos suerte, aprendemos a distinguir entre las dos voces y, con el tiempo, a confiar en la intuición más que en esa fea palabra de cinco letras.

Yo antes era una especialista en pasar por encima de mi intuición cuando no me gustaba lo que me decía. En esa época ni siquiera sabía que tenía intuición, pero era consciente de que tenía sensaciones, pensamientos y sueños que parecían intentar llamar mi atención. Ahora que miro hacia atrás con plena comprensión de mi intuición y absoluta confianza en ella, me doy cuenta de que durante los meses que precedieron a mi ruptura, mi guía interior me gritaba: «¡Esta relación es un error.» Me mostró con insistencia que yo en realidad quería una vida totalmente distinta a la que llevaba. Pero no le hice caso. Una de las maneras en que intentó captar mi atención fue a través de los sueños, tanto mientras dormía como estando despierta. Eran sueños llenos de instantáneas en las que aparecía yo con otro hombre, en una cama distinta, viviendo en una casa en una gran ciudad, los dos libres y felices. Veía a esa persona, incluso la sentía, y en el fondo sabía que esos sueños eran un reflejo de mi deseo de tener una relación satisfactoria con un verdadero compañero y de mi necesidad de llevar la vida que de verdad anhelaba.

Pero la sinceridad de esas visiones me resultaba inmanejable. Para reconocer su validez tendría que haber afrontado el hecho de que era muy infeliz con mi novio, y eso no estaba dispuesta a hacerlo, y menos aún basándome en «alucinaciones» azarosas. Ahora sé que las películas que se proyectaban en mi cabeza eran mi intuición, que intentaba desesperadamente hacerme ver que lo que yo quería entraba dentro de lo posible. Inexperta como era en la compresión de mi intuición, en lugar de hacerle caso racionalicé aquellos sueños extraños y me concentré en mi meta de ratificar nuestra desdichada relación de quince años con una boda. Ésa era *mi* visión, y al diablo con la intuición. Si hubiera escuchado a mi mejor amiga, podría haberme ahorrado el dolor que supuso que un muro de ladrillo se desplomara sobre mí. Podría haber forjado un final mucho mejor, menos dramático y doloroso.

❤ Reflexiones sobre MÍ ❤

¿Qué quieres que copilote tu vida: el miedo, la presión social, la lógica y el sentido del deber, o tu intuición? Es una misma quien decide qué influye en sus decisiones y quien, en último término, crea su propia vida. La mayoría no nos damos cuenta de que tenemos que tomar esa decisión trascendental hasta que apagamos el piloto automático y nos volvemos autoconscientes. Tú ya has optado por prescindir del piloto automático. Ya es hora de que eches un vistazo a las diversas fuerzas que compiten por convertirse en tu copiloto y que decidas conscientemente con cuál te quedas.

- ¿Qué es lo que actualmente influye más en tus decisiones, en tus creencias y en tus relaciones personales: el miedo, las convenciones sociales, el pensamiento lógico, el sentido del deber o la intuición? Ordénalas de más influyente a menos. A continuación, describe con tus propias palabras cómo te influye concretamente cada una de esas cosas.

- ¿Hasta qué punto eres capaz de diferenciar entre estas influencias? Haz una lista de al menos diez decisiones que hayas tomado a lo largo de tu vida, tanto grandes como pequeñas, tanto acertadas como desacertadas. ¿Cuáles de ellas obedecieron al miedo? ¿Y a la presión social? ¿Y a la lógica? ¿Cuáles fueron por obligación? ¿Cuáles respondieron a tu saber interno? ¿En qué difirieron los resultados?

- ¿Qué crees respecto a la intuición? ¿Y a la lógica? ¿Y al sentido del deber? ¿Qué opinan tus amigos? ¿Qué actitudes tiene tu familia respecto a estas cosas? ¿En qué te benefician esas creencias, opiniones y actitudes? ¿En qué te limitan? ¿Cuáles quieres conservar y cuáles tirar a la basura?

- ¿Cuáles de estas influencias (la intuición, el miedo, la sociedad, la lógica o la obligación) quieres que copiloten tu vida?

Lo bueno es que cada una de nosotras tiene la última palabra respecto a qué dejamos que guíe nuestra vida: la intuición, el miedo, las convenciones sociales, la lógica o el sentido del deber. La intuición es sin duda la mejor guía que puede tener una mujer. Si se le suman nuestra inteligencia, nuestra compasión y nuestro amor por la vida, puede ayudarnos a crear la vida que queremos llevar cada día. Pero que conste que, aunque es posible aprender a distinguir entre la intuición y esas fuerzas negativas, conseguirlo no es fácil.

Aumentar tu poder de intuición

Así pues, ¿por dónde debe empezar una si quiere convertirse en una experta en escuchar su intuición? Primero debe aprender a prestar atención cada vez que habla la intuición. Luego es cuestión de aprender a confiar en lo que sientes y sabes, incluso cuando no puedes explicarlo de manera racional. Aumentar nuestro poder intuitivo requiere tiempo y práctica: cuanto más escuchamos, más confiamos, y viceversa. Lo bueno es que puede ser muy divertido.

1er paso. Aprende a escuchar cuando habla la intuición

Da igual lo débil que sea tu conexión actual con tu intuición o con cuánta frecuencia hayas dudado de ella o la hayas desoído en el pasado, ¡sigue ahí, de tu parte, al cien por cien! Todas hemos nacido con intuición (sí, TODAS) y nunca perdemos la capacidad de conectar con ella. Esa capacidad puede menguar, pero siempre cabe la posibilidad de restablecer el flujo e incrementarlo.

Como primer paso, debes estar dispuesta a creer en la existencia de tu sentido interno, asumir la posibilidad de que pueda guiarte algo que no sea la lógica, el miedo y el sentido de la obligación. No quiero decir con ello que tires por la borda la lógica, pero sí que te deshagas de tu escepticismo y que estés abierta a lo que diga tu sentido de la intuición. Escúchalo cuando hable y no te lances a un debate racional contigo misma. Sentir un poco de escepticismo inicial puede ser natural cuando pruebas algo nuevo, pero en algún momento tienes que desprenderte de las dudas y empezar a confiar en la verdad de lo que oyes o sientes en tu fuero interno.

La intuición se resiente si dudamos constantemente de su sabiduría y, con el tiempo, si nos empeñamos en ignorarla, las otras influencias (que no redundan en nuestro beneficio) suenan cada vez más fuerte y acaban por ahogar su voz. Nuestra intuición es como un músculo que hay que ejercitar continuamente. Si no, se atrofia. Y cuanto más la usamos, más se fortalece. No hagas caso omiso de tu intuición cuando te da consejos que no te gustan o que no puedes explicar con argumentos lógicos. Suele ser en esas ocasiones cuando más la necesitas, y cuando las fuerzas destructivas están esperando para tomar el control. No tengas miedo de lo que te diga tu intuición. Preocúpate de lo que prefieres ignorar. Desoír nuestra intuición es lo que nos mete en líos.

Para escuchar es necesario aflojar el ritmo y detenerse. No puedes oír la voz de la intuición si vas a mil por hora o si te dejas dominar por el miedo. Cuando tu intuición te tienda los brazos, o cuando no entiendas lo que te está diciendo, ¡párate! Cuando se manifieste ese hormigueo en la boca del estómago o en el centro del pecho, detente, hazte presente contigo misma, serénate y pregunta: «¿Qué intenta decirme mi intuición?» Cuando la sabia vocecilla de tu cabeza (no esa voz ansiosa que te hace dudar de ti misma) empiece a hablar, hazle caso. Cuando sepas sencillamente que algo es de una determinada manera, incluso sin tener ningún argumento lógico en el que apoyarte, presta atención y actúa en consecuencia. Fíjate en lo que ocurre entonces.

Escuchar significa pedir consejo y luego esperar una respuesta. Estamos tan bien adiestradas para ponernos de inmediato en acción que no le damos a nuestra intuición tiempo de intervenir. Déjala hablar *antes* de actuar. Practica conectando con tu intuición a lo largo del día, cuando tomes decisiones cotidianas. Cierra los ojos, respira hondo y pregúntale su opinión. Luego permanece atenta a una respuesta física, auditiva o visual, según tienda a manifestarse tu intuición.

Otra forma de fortalecer el músculo de tu intuición es recurrir a él cuando una situación, una persona o una decisión te generan ansiedad o inseguridades. Cuando reaccionamos con miedo o empleamos enunciados como «La realidad es que...» o «Es que no es práctico...», o «Venga, sé realista», suele ser porque estamos desconectadas de nuestra intuición. Una cosa que puedes hacer para conectar mejor con tu intuición es quedarte quieta y en silencio y conectar con tu cuerpo. Esto te calma y te centra de inmediato, y te permite eludir el sentimiento mareante y disgregador que produce el miedo. Cuando estamos aturdidas, perdemos pie y tendemos a tomar decisiones defensivas y reactivas. Yo a esto lo llamo «entrar en sobrecarga». En esa tesitura, sentimos que toda nuestra energía, hasta la última gota, reside únicamente en nuestro cerebro. No somos capaces de escuchar a nuestra intuición porque entramos en un estado que muchos maestros espirituales denominan «mente de mono». La intuición exige calma, y para ello tenemos que salir de nuestra cabeza y conectar con todo nuestro cuerpo.

Ejercicio: CONECTA CON TU CUERPO

Hay múltiples maneras de conectar con tu cuerpo y salir de ese torbellino. Uno es cerrar los ojos y poner los pies en la tierra, es decir, pisar el suelo y mover los dedos de los pies hasta que sientas tu vínculo con la Tierra. Puede que tengas que quitarte los zapatos y los calcetines y quedarte descalza para sentir la tierra en tu piel. En cuanto hayas conectado, manda energía desde tus pies, subiendo por tus piernas, tu torso, tus brazos y tu cuello, hasta tu cabeza. Para algunas personas resulta más fácil empezar por la cabeza y mandar energía desde lo alto del cuerpo a los pies. A mí, cuando lo hago de arriba abajo, me gusta imaginarme que una cálida lluvia plateada me lava de la cabeza a los pies, llevándoselo todo de modo que sólo quede una paz total. Funciona en los dos sentidos. Sólo tienes que asegurarte de respirar hondo y de sentir cómo entra y sale del cuerpo tu respiración. Sigue así hasta que te sientas serena y centrada, y desde ese lugar háblale a tu intuición.

Prueba estas técnicas ahora mismo. ¡Venga, será divertido! Y luego, cuando surjan situaciones o emociones complicadas, pruébalas otra vez. Practica la búsqueda de la serenidad y, desde ese punto, invoca a tu intuición. En lo tocante a conocer y escuchar tu intuición, la práctica lo es todo, y es el único modo de aprender a confiar en ella.

2º paso. Aprende a confiar en tu intuición

Para las escépticas, éste puede ser el paso más duro de dar. Pero, sin confianza en tu intuición, no puedes beneficiarte de sus sabios consejos. Algunas mujeres aprenden tempranamente a escuchar la voz de su intuición y apenas tienen problemas en creer en ella y en aceptar sus consejos. La mayoría, sin embargo, continúa dudando de su existencia y a veces la ignora sin más. Algunas de nosotras acabamos escarmentando después de muchos tropiezos causados por un cúmulo de malas decisiones, y por fin nos damos cuenta de que tenemos que salir de nuestra cabeza, desprendernos de nuestros miedos y conectar con nuestro corazón y nuestro espíritu, donde reside la intuición.

El único modo de aprender a confiar de verdad en tu intuición es jugar con ella en la vida cotidiana. Iremos teniendo cada vez más confianza en ella cuando mejores sean los resultados de prestarle atención. Te recomiendo que empieces tomando pequeñas decisiones basadas en este saber interno. Intenta ir poco a poco. Como aficionadas, tenemos que construir lazos fuertes con nuestra intuición desde los cimientos y afianzar esos lazos para que sean más sólidos que nuestra respuesta al miedo y nuestra dependencia de la lógica, que se han ido fortaleciendo a lo largo de toda nuestra vida. Hace falta práctica para diferenciar su influencia positiva de las fuerzas negativas que acechan en la oscuridad.

Cada día, «fíjate», nada más. Procura aumentar tu conciencia de ese sentido interno. Empieza a distinguir entre tus respuestas al miedo, al sentido del deber, a la lógica y a la intuición. Elige de manera consciente a cuál le concedes credibilidad. Fíjate en lo que ocurre cuando aceptas a la intuición como guía. Y en lo que ocurre cuando no.

Aprender a conocer y a confiar en tu intuición es un proceso que puede cambiar tu vida, además de ser muy divertido. La mente lógica, aunque importante, desde luego, es mucho menos creativa. Cuando nos dejamos ir y asumimos la sabiduría de nuestra guía interior, muchas cosas se vuelven posibles. Sirviéndonos tanto de nuestra intuición como de nuestro intelecto, podemos vivir con dos poderosas fuerzas de nuestro lado.

❤ Reflexiones sobre MÍ ❤

¿Qué dirían tus amigos si les preguntaras: «¿Soy una persona escéptica? ¿Me obceco mucho? ¿Con qué frecuencia hago algo porque es "lo correcto", "lo lógico" o "lo práctico"?» Si no lo sabes, pregúntales. Sopesa sus respuestas y sé sincera contigo misma acerca de cómo te estás apartando de tu intuición. He aquí algunas preguntas que puedes considerar a fin de descubrir cómo afectan las dudas o la mala conciencia al poder de tu intuición.

- ¿Eres escéptica en general? Cuando examinas una situación, ¿tiendes a empezar con lo que podría salir mal o con lo que es posible? ¿Cómo afecta tu escepticismo a tu capacidad para confiar en tu intuición?

- ¿Cómo eres a la hora de tomar decisiones? ¿Sitúas la lógica por encima de todo lo demás, necesitas montones de pruebas para tomar una decisión o tiendes a decidir basándote en sensaciones viscerales, o una mezcla de ambas cosas? Si te apoyas mucho en la lógica, ¿cuándo te ha impedido escuchar y confiar en tu intuición? ¿Cuál fue el resultado? ¿Qué crees que puede aportarte la lógica que no te aporta la intuición? ¿Qué cambiaría si reconocieras que la intuición tiene poderes de los que carece la lógica? ¿Hasta qué punto eres proclive a tomar decisiones basadas en el sentido de la obligación? ¿Te agobia constantemente la culpa por cómo afectan tus decisiones a los demás, o te sientes libre de actuar como te parezca más oportuno, al margen de cuáles sean las expectativas o las demandas de otros? ¿Cuándo has dejado a un lado tus sentimientos para hacer «lo correcto» según el criterio de otra persona? ¿Cuál ha sido el coste para ti?

- ¿En qué debes empezar a creer o dejar de creer, o de hacer, si quieres tener más acceso a tu intuición?

Así que tú decides

La elección es tuya: aprender a confiar en ti misma (hasta el máximo de tus capacidades) ahondando en tu vínculo con tu intuición, o seguir aferrándote al escepticismo, el miedo y el sentido del deber. ¿Qué eliges? No te estoy pidiendo que seas perfecta, ni que arrojes la racionalidad por la ventana. Te estoy pidiendo que te prometas a ti misma escuchar tu intuición y confiar en ella.

◎ PROMETO ESCUCHAR MI INTUICIÓN ◎

Me comprometo a escuchar mi intuición, a creer en su existencia y a aprender a confiar en su consejo cada día más.

Naturalmente, como en el caso de la promesa anterior, debes usar tus propias palabras. Y recuerda que esta promesa, como cualquier otra, exige voluntad: en este caso, voluntad de escuchar la voz de tu intuición y de actuar conforme a lo que te diga. Aprender a apoyarte en la intuición sólo puede mejorar tu vida. Cuando te abras a su sabiduría, tu vida se ampliará con nuevas posibilidades. Date permiso para jugar con tu intuición aumentando su presencia y su poder sobre tu vida y mandando a paseo tus miedos. Recuerda que debes ser paciente mientras aprendes a vivir conforme a tu intuición en lugar de someterte al dictado del miedo, el escepticismo y el sentido de la obligación. Confiar en que sea un copiloto leal requiere su tiempo, lo mismo que ir aumentando el grado de confianza en una amistad.

Para profundizar
ELEGIR A TU COPILOTO

Hay centenares de libros que han explorado el miedo con detalle, lo cual es lógico si se tiene en cuenta que, debido a él, la mayoría de nosotros vive por debajo de su potencial. No voy a lanzarme a una disertación sobre el miedo, pero sí vamos a ahondar un poco en los temores que impulsan nuestras decisiones respecto a la vida en general y a las relaciones personales en particular. Si no lo hiciéramos, estaría cometiendo una injusticia, dado que el miedo es un enemigo nefasto de la intuición. Si esperas confiar en ti misma y usar tu intuición como lo que es, una herramienta muy útil, tienes que ser consciente de tus miedos y ser sincera respecto a ellos. Después podrás tomar decisiones conscientes. El miedo intentará secuestrar cada vez tu toma de decisiones, así que conviene que sepas dónde se esconde.

Algo que me ha ayudado a cobrar conciencia de mis miedos es pensar en ellos como en gremlins que quieren controlar todos mis pensamientos y mis actos. Estos gremlins tienen voz, al igual que la intuición, pero sus palabras nos llenan de dudas, destrozan nuestra autoestima, hacen que nos cuestionemos a nosotras mismas y nos impulsan a tomar una y otra vez el camino más fácil y seguro. Yo me imagino a mis gremlins como bichitos verdes y feos, con colmillos afilados. Puede que los tuyos sean distintos, pero sea cual sea la forma que adopten su labor es la misma: escarban en tu psique con pensamientos que te deprimen y que hacen aflorar un miedo primigenio. ¿Alguno de los comentarios de la lista siguiente te resulta familiar?

Cháchara de gremlin

No vas a conseguirlo, así que ¿para qué intentarlo?

Confórmate con lo que tienes y sé feliz.

No eres lo bastante buena.

Nunca te querrá nadie tal y como eres en realidad.

¿Por qué te crees tan especial?

Todos los hombres interesantes están cogidos.

No te mereces nada mejor.

Te estás haciendo vieja, así que más vale que te des prisa y encuentres a alguien.

De todos modos va a dejarte, así que más vale que le dejes tú primero.

¡Ay, no deberías haber dicho eso! Ahora pareces una idiota o una chiflada.

Apuesto a que podrías añadir varios comentarios a esta lista. Los miedos tienen muchas formas de pisotear tu intuición.

Pero los gremlins conservan su poder únicamente si nos negamos a enfrentarnos a ellos cara a cara. Así que saquémoslos a la luz. ¡Sí, vas a zambullirte en su terreno y a hacerlos salir!

Ejercicio: ENFRENTARTE A TUS GREMLINS

1er paso. Recuerda

Cierra los ojos y piensa en las veces en que has dudado de ti misma o cambiado de parecer repentinamente por culpa del miedo. Recuerda el miedo que te daba arriesgarte, exponerte, hacer lo que en el fondo sabías que te haría feliz. Recuerda situaciones en las que cedieras o tomaras una decisión por pura comodidad. ¿Oyes esas vocecitas insidiosas que hacen recuento de tus inseguridades? «No eres lo bastante buena.» «Lo que tú pienses no importa.» «No puedes hacerlo.» Siente la fuerza de tus gremlins tirando de ti. Permítete recordar las palabras negativas que utilizaban para insuflarte temores y dudas.

2º paso. Descubre cómo han hecho mella en ti

Coge lápiz y papel y anota todos los enunciados que han usado los gremlins contra ti. ¿Qué es lo que te dicen exactamente? Escribe sus afirmaciones utilizando palabras sencillas y una estructura sintáctica simple, un lenguaje que pueda entender un niño de cinco años: «No puedes hacerlo»; «Se van a reír de ti»; «No le caes bien a nadie»; «En realidad no te quiere». Los gremlins le hablan directamente a tu niña interior cuando te acosan, de ahí que sean tan eficaces. Saben que nuestra niñita interior no tiene nada que hacer contra su ferocidad.

Cuando creas que has completado tu lista, sigue adelante. Sin duda habrá un par de pullas más guardadas en alguna parte. Oblígate a recordar todas las dudas agobiantes que te han frenado en el pasado.

1er paso. Conoce a tu grupo de gremlins

Ha llegado la hora de sacar a los gremlins a la luz y enfrentarse a ellos según tus propios términos. Tu meta es convertir cada pensamiento negativo en un único gremlin. A medida que se vuelvan más reales para ti, podrás mirarlos de frente y tratar directamente con ellos, haciéndoles salir de las sombras donde normalmente se ocultan para aguijonear tus miedos más profundos. Lee una por una las «pullas» que has anotado e imagina qué tipo de gremlin escupe esas palabras odiosas. Asígnale a cada uno un nombre, una cara y un cuerpo. Anota sus nombres junto a los enunciados, haz dibujos o lo que creas necesario para hacerles cobrar vida. ¿El producto final? Un grupo de creencias y emociones autodestructivas completamente expuestas. En cuanto salen a la luz, ¡todo el poder lo tienes tú!

2° paso. Sé consciente

Incorpora a tu vida esta conciencia ampliada. Cuando aparezca un gremlin, háblale directamente para que sepa que NO está al mando. Puede que queden algunos gremlins en las regiones más profundas de tu psique. Si es así, tendrás que embarcarte en una lucha de poder con ellos, pero recuerda que, si ellos son fuertes, tú lo eres más. Son *tus* gremlins, y con paciencia y esfuerzo puedes vencerlos. A veces es necesario hablarles. Otras se les puede domar sólo a base de cariño. No tengas miedo de hablar con ellos. Invítales a conversar, o incluso dales un enorme abrazo. Te sorprenderá el poder de la serenidad y del amor incondicional. Doy fe de lo bien que funciona el amor para transformar a los gremlins: es mucho más eficaz que intentar matarlos o acallarlos. ¡Yo he abrazado a más de un gremlin horroroso y gritón hasta dejarlo convertido en un cachorrito amoroso! Como sucede con todo lo que nos asusta, cuando te acercas y lo ves con el corazón, el miedo se desvanece.

CAPÍTULO Cinco

ValorarME

*¿Quién dice que sea obligatorio
conformarse con menos y sacrificarse?*

CÓMO DECIR «¡NO!» A CONFORMARSE
CON MENOS Y «¡SÍ!» A TI MISMA

A ceptamos casi como si fuera una ley que, para tener una relación de pareja, es necesario hacer sacrificios y conformarse con menos de lo que una desea. Las mujeres se conforman constantemente con menos: con una pareja que está «bien», con un trabajo «pasable», con una vida que por lo general no cumple sus expectativas. Sacrificamos cotidianamente nuestras metas, nuestras necesidades, nuestros deseos y nuestra felicidad, y en algunos casos hasta nuestra salud. La sociedad lo apoya, nosotras nos los tragamos y nos persuadimos de que nos basta con lo que tenemos cuando, en realidad, nuestro espíritu prácticamente se muere por tener algo más. En lugar de responder a lo que el alma nos pide a gritos, nos decimos: «¿Quién soy yo para pedir más?» Pero la pregunta crucial es: «¿Quién eres tú para *no* esperar y creer que haya algo más?»

Nunca *tenemos* que conformarnos con menos: elegimos hacerlo. Nos enorgullecemos tontamente de sacrificar nuestras necesidades por el bien de otros, y vinculamos nuestro sentido de la propia valía a lo mucho que entregamos a los demás. Nos resulta imposible imaginar que *cuidar de MÍ primero me permite querer más a los otros y hacer más por ellos.* Elegimos dudar de que alguna vez vayamos a encontrar algo que de verdad nos satisfaga o nos preocupa que se nos agote el tiempo antes de encontrarlo o que, si no nos damos prisa, otra persona se quede con nuestro hombre o con nuestro trabajo, como si hubiera una provisión limitada de todo. Siempre con prisas o viviendo en un estado de carencia permanente, nos subestimamos y acabamos por conformarnos únicamente con lo «pasable». Y entonces, una vez tenemos lo «pasable», nos aferramos a ello con uñas y dientes. Considerar otra posibilidad sería una locura.

Yo, sin embargo, te invito a hacer una locura y a considerar una alternativa totalmente nueva, porque la verdad es que sacrificarse y resignarse son dos cosas que dan repelús. Hay una opción mucho mejor. Podemos elegir valorarnos a nosotras mismas cotidianamente, esperar más y creer siempre en nuestras posibilidades. ¿Cómo sería la vida si todas las decisiones que tomaras estuvieran basadas en la voluntad de satisfacer tus propias necesidades y sentimientos sin mala conciencia? ¿Y si conformarte con menos dejara de ser una de tus directrices vitales?

Como muchos de los embrollos en los que nos metemos, el hábito de conformarse con menos es el resultado de haber interiorizado creencias e ideales que nos limitan y constriñen.

Llegamos a aceptar, sin cuestionarnos nada, que «así son las cosas». Si has aprendido algo en los capítulos anteriores, espero que sea que, pese a «cómo salgan las cosas», somos nosotras quienes damos forma a la realidad. El hecho de conocernos, querernos, ser sinceras y confiar en nosotras mismas constituye un cimiento sólido sobre el que edificar la vida y las relaciones que deseamos. Sin el firme propósito de valorarnos y de no conformarnos nunca con menos de lo que queremos, seguiremos sacrificando nuestras necesidades y supeditando nuestro compromiso con el propio yo. Vamos a examinar algunos de los porqués y algunas de las maneras en que nos acomodamos en nuestras relaciones de pareja. Fíjate en cuáles son ciertas en tu caso.

La creencia de que no hay para todas

No sé por qué razón, en lo tocante a los hombres, las mujeres preferimos creer que, a medida que pasa el tiempo, hay cada vez menos chicos disponibles. Nos decimos: «Mi hombre perfecto ya está cogido, así que ¿y si me conformo con uno que sea regular?» o «Más vale que me quede con X, porque es mejor tener algo que no tener nada». Muchas mujeres han recorrido el camino hasta el altar o eludido el que llevaba hacia el divorcio como resultado de esta lógica demencial. Yo lo sé: fui una de ellas.

¿Y tú? ¿Alguna vez has tenido una relación de pareja que te hiciera infeliz y que sin embargo no quisieras dejar por miedo a no volver a encontrar a nadie que te quisiera? ¿O has sentido que nunca ibas a encontrar a tu alma gemela y que en cambio todas las mujeres de tu entorno parecían haberse llevado la palma en ese aspecto? ¿O te has sometido a ti misma a una enorme presión y te has conformado con algo no tan bueno porque «el reloj hacía tictac»? ¿Yo? Yo me confieso culpable de las tres cosas.

Una de las creencias más ridículas que tenía mientras funcionaba con el piloto automático puesto, y de la que ahora puedo reírme, me parecía innegable en su momento: «En mi vida sólo van a quererme dos hombres (mi prometido y un novio anterior)». Estaba convencida de que, si uno de esos dos chicos no era mi alma gemela, me quedaría sola para siempre, y estar sola era un destino peor que la muerte. Así que tomé la única decisión que, según yo, podía tomar. ¿Mi novio anterior? Estaba cogido y retirado de la circulación. ¿Mi prometido? No encajábamos del todo, pero parecía ser la única opción posible, así que me dije que más valía que me quedara con él. Conformarme con menos me costó pasar al menos diez años inmersa en una relación infeliz.

A medida que nos hacemos mayores, es probable, y puede que incluso cierto, que vayan quedando cada vez menos hombres solteros. Pero ¿y qué? La Verdad, con uve mayúscula, es que hay suficientes hombres interesantes a nuestro alrededor. Si nos cuesta encontrar uno, dejemos de culpar a las estadísticas y empecemos a buscar por nosotras mismas. Puede que, de momento, lo mejor sea que sigamos solas. Puede que el hombre ideal no se haya presentado aún porque nuestros actos y creencias repelen justamente lo que intentamos atraer. Sea cual sea el motivo, pasar tiempo sola es con frecuencia un regalo del cielo y una parte muy importante del descubrimiento personal. ¿Por qué no podemos estar a gusto solas? ¿Por qué nos angustia tanto estar solas, en lugar de aprovechar nuestro periodo de soledad para aprender lo que tenga que enseñarnos? Y, además, aunque quizás haya múltiples motivos por los que estemos sin pareja, en cualquier caso no se trata de que no haya suficientes hombres interesantes en el planeta entre los que elegir.

Posibilidad: Hay suficientes para todas

En contra de lo que se cree comúnmente, el mundo no es como un gran pastel con un número fijo de porciones, de modo que, cuando se acaban esas porciones, ya no queda más pastel. Y el hecho de que una persona se haga con una porción más grande no significa que nosotras no podamos tener tanto o más. Nuestras posibilidades de tener buena suerte no disminuyen por que otra persona también la tenga. Nuestro potencial para la felicidad, para la alegría y la riqueza solamente lo limitan *nuestros* actos y pensamientos, no lo que reciba otra persona. Si creemos que nunca obtendremos nuestra parte, o nos da miedo perder lo que tenemos, el estado de nuestras vidas reflejará esas preocupaciones. Sentimientos y pensamientos de carencia = más carencia = una vida repleta de carencia. ¡No sé a ti, pero a mí no me apetece ir por ahí acarreando un enorme saco de carencia!

Por la razón que sea, muchas de nosotras olvidamos, o quizá no asimilamos nunca, la verdad liberadora de que siempre podemos crear más cosas. Yo, desde luego, no lo entendí hasta que empecé a conocer a gente autoconsciente que llevaba una vida plena y feliz en todos los aspectos. Al observarlos y escuchar sus historias, descubrí que todas tenemos acceso a lo que deseamos si estamos dispuestas a

- deshacernos de nuestra creencia en la escasez y a empezar a creer que todo es posible;

- dejar de preocuparnos por perder lo que tenemos o por no obtener lo que necesitamos y confiar en que siempre tendremos lo necesario para sobrevivir y prosperar; y
- comprender que lo que obtengan los demás no afecta a lo que tengamos nosotras, y convencernos de que no tenemos que competir por los recursos, ni tampoco por los hombres.

Se ha escrito mucho sobre el tema de la ilimitación, que abarca cuestiones como la prosperidad y la ley de la abundancia. Son ideas fantásticas para estudiarlas y para aplicarlas en nuestra vida práctica. En la mía, desde luego, han supuesto una enorme diferencia. En la página web www.mebeforewe.com puedes encontrar una lista de recursos estupendos que te ayudarán a desprenderte de la convicción de que «no hay suficiente» y a cambiarla por la capacidad para confiar, tener fe y renunciar al control absoluto. Aunque no se puede llegar a ese estado de la noche a la mañana, no hace falta ser un yogui ni el Dalai Lama para decir no a conformarse con muy poco y sí a valorarse a una misma. Se trata de un compromiso que puedes hacer en cualquier momento y que puede cambiar tu vida en un abrir y cerrar de ojos.

❤ Reflexiones sobre MÍ ❤

- ¿Cuándo te has conformado con menos o te has sacrificado para conservar una relación de pareja? ¿Qué mentiras empleaste para convencerte a ti misma de que era una decisión acertada? ¿Qué precio pagaste por ello?

- ¿Cuál es tu «saco de carencia»? ¿A qué creencias autolimitadoras acerca de la escasez te aferras? ¿Qué te da tanto miedo perder o no obtener que estás dispuesta a sacrificar por ello tus deseos más auténticos? ¿Cuándo sientes que tienes que competir con otras personas o quitarles algo para obtener lo que deseas?

- ¿Con qué frecuencia crees que cualquier cosa es posible? ¿Cuándo no lo crees y qué te impide creerlo? ¿Cómo te impulsa el hecho de no creerlo a conformarte con menos?

- ¿Cuándo te resulta fácil confiar y tener fe en que todo va a salir bien? ¿Cuándo te resulta más difícil? ¿Cómo afecta esa fe a tu capacidad para crear relaciones de pareja y forjarte la vida que deseas?

Puede que algunas mujeres contesten sinceramente: «Yo nunca me conformaré con menos» o «Yo nunca me he conformado con menos». Y puede que sea cierto. Pero la mayoría de nosotras se ha conformado con menos de lo que quería en un momento u otro. Y seguimos conformándonos con menos y poniendo excusas hasta que un día nos decimos: «¡Ya basta!», y por fin nos comprometemos con nosotras mismas en *todas* las vertientes de nuestras vidas, y especialmente en lo tocante a las cuestiones del corazón. Esa clase de compromiso exige una promesa inquebrantable de valorarse y ser fiel a una misma que no siempre es fácil de cumplir. En el curso de la vida, incluso aunque hayamos hecho esa promesa solemne, conformarse con menos puede ser una opción atractiva cuando nos agobian las preocupaciones, el miedo y las inseguridades. Una de las mejores formas de impedirnos ceder y conformarnos con menos es ser plenamente conscientes de nuestras motivaciones nocivas y de sus consecuencias.

Conformarse con menos como resultado de motivaciones nocivas

Si no tenemos pareja, tendemos a asustarnos cuando empiezan a casarse nuestras amigas, a obsesionarnos cuando creemos que a nuestro reloj biológico se le está agotando el tiempo y a empezar a creer que tal vez estamos haciendo algo mal. Si tenemos pareja, nos convencemos de que nuestra infelicidad es culpa nuestra, o de que no es para tanto. A menudo nos centramos tanto en la meta de casarnos o de seguir casadas que traicionamos a nuestro propio corazón por un hombre. Algunas nos obsesionamos con el deseo de tener una alianza en el dedo, un hombre con el que pasar por la vicaría, o simplemente un cuerpo cálido en la cama. Otras pasamos tanto tiempo fantaseando con la vida que *tendremos* en un futuro (la boda, la casa, los hijos) que hacemos concesiones respecto al hombre con el que estamos comprometidas hoy día. Cuando no somos sinceras con nosotras mismas, nos conformamos con menos, seamos conscientes de ello o no. Por desgracia, la mayoría no lo descubrimos hasta que ya es demasiado tarde.

Mis motivaciones equivocadas me llevaron a un compromiso matrimonial que no debería haber tenido lugar. Era como un caballo de carreras con la vista fija en una única meta: ganar la carrera. La carrera y mi meta estaban claras: casarme y llegar ante el altar antes que mis amigas. A fin de cuentas, ellas tenían novio desde hacía mucho menos tiempo que yo y, a mi modo de ver, sus relaciones tenían muchísimos más defectos que la mía. Reconocer la derrota estaba descartado. No casarse era una alternativa inconcebible.

Así que hice lo que cualquier mujer obsesionada y reconcentrada en su objetivo habría hecho: empujé a mi novio a pedirme en matrimonio. Le impuse el día, el anillo y hasta la tienda donde tenía que comprarlo. Y la mañana de Navidad hincó la rodilla en el suelo y me pidió que me casara con él. Yo acepté, a pesar de que sabía que me estaba conformando con menos de lo que quería. Esa mañana aciaga, me comprometí a sacrificar parte de mi alma a cambio de un diamante y de la esperanza de lo que «podía» ser. Seis meses después, el matrimonio y la vida con los que soñaba acabaron antes incluso de empezar.

La lección que aprendí por las malas fue ésta: cuando me acomodo, cuando me conformo con menos, no me elijo a MÍ, elijo la CARENCIA. Dejo que mis miedos y mi sentido de la obligación me lleven a tomar decisiones erróneas. ¿Te suena alguno de los siguientes enunciados?

- Casarse, tener hijos, irse a vivir juntos, etcétera, es el siguiente paso natural que hay que dar.
- Sólo está nervioso. Se sentirá mejor cuando nos casemos, cuando tengamos hijos, cuando nos vayamos a vivir juntos, u otra cosa.
- Algo me pasa si no consigo casarme. Es mejor estar casada que soltera y sin pareja.
- Mejor la mitad de lo que deseo que nada. Podría ser peor.
- Mejor lo malo conocido que lo bueno por conocer.
- Lo que yo quiero no existe.
- Con el tiempo cambiará.
- No hay nadie mejor por ahí.

Muchas de nosotras seguimos adelante con nuestras relaciones de pareja a pesar de saber perfectamente que la persona con la que estamos no es la adecuada. Sea cual sea la razón (que nos da miedo estar solas, que deseamos ansiosamente casarnos, que estamos decididas a hacer que funcione), acabamos conformándonos con menos porque nuestra meta, estar con un hombre, se vuelve más importante que cumplir la promesa que nos habíamos hecho a nosotras mismas.

¿Alguna vez te has descubierto enojándote al saber que otra persona iba a casarse? ¿O has oído clamar a una amiga con su mejor voz de víctima: «Por qué nunca me toca a mí. Por qué sigo sola?» Creo que va siendo hora de que, como mujeres autoempoderadas, nos sequemos las lágrimas, nos desprendamos de victimismos y nos preguntemos: «¿Por qué no progresa mi relación? Puede que haya alguna razón de peso, ¡como que no debe progresar! Puede que en lugar de empeñarme tanto en casarme, deba ser sincera conmigo misma respecto a por qué no me caso. ¿Qué es lo que de verdad me motiva a casarme?» A veces nos da miedo ser sinceras. Pero ¿no debería preocuparnos más malgastar nuestras preciosas vidas?

Todavía recuerdo vivamente el día en que se casó una de mis mejores amigas. Fue la única boda a la que he asistido en la que pensé de verdad que alguna persona se levantaría cuando el oficiante preguntara si alguien tenía algo que alegar para que aquel hombre y aquella mujer no se casaran. En ese momento miré a mis amigas sentadas en los bancos cercanos, ellas me miraron y todas pusimos mala cara pensando: «¿Decimos algo? ¿Nos levantamos y gritamos: "¡No lo hagáis!"?» Al final, nadie dijo nada, la pareja se casó y seis meses después estaban inmersos en un penoso divorcio. Fue un caso de motivaciones dañinas. No sé si la novia estaba más motivada por la idea de tener marido (como si sirviera cualquier tipo simpático), por la de salir de casa de sus padres y tener la suya propia (habría sido más fácil irse a vivir sola) o por la parafernalia de la boda.

¿A cuántas mujeres conoces que se han pasado casi toda la vida soñando con cómo será el gran día o fantaseando con la idea de casarse? Ojalá alguien hiciera estallar esa burbuja *antes* de que recorrieran el camino hacia el altar y les hiciera ver esta realidad: «Una boda no es más que un acontecimiento social. Hazte un favor a ti misma, abandona esa fantasía y empieza a pensar, antes de casarte, en la vida que quieres crear con tu pareja. O, mejor aún, decide qué vida quieres crear por ti misma. O ve incluso un paso más allá: ¿Y si primero decides casarte contigo misma?» ¡Ésa sí que es una fantasía que merece la pena hacer realidad!

A todas nos motiva algo cada vez que tomamos una decisión. El tipo de vida y de relaciones que creamos depende en gran medida de lo que nos impulsa. Todas hemos tomado decisiones basadas en motivaciones nocivas. La cuestión es si podemos permitirnos seguir haciéndolo. La respuesta es no, si quieres hacer honor a la persona más importante de tu vida: tú misma.

❤ Reflexiones sobre MÍ ❤

Utiliza este cuestionario para comprender tus propias motivaciones (amor, seguridad, miedo, una creencia, un objetivo) para mantener una relación presente o pasada, o tu deseo de encontrar pareja, de vivir con un hombre, de casarte, etcétera.

- ¿Por qué quieres mantener una relación de pareja? ¿Cuáles son los factores que te motivan, más allá de tu razón o razones para mantenerla?

- ¿Cuándo te han llevado tus motivaciones a una situación o relación, o te han mantenido en ella, que era perjudicial para ti? ¿Qué te impulsaba? ¿Qué había de sano en tus motivaciones? ¿Y de nocivo?

- ¿Cómo han cambiado tu vida y tus relaciones cuando tus motivaciones han sido el amor propio y el deseo de ser fiel a TI misma, en vez del sentimiento de carencia, el miedo, la obligación o las influencias externas?

A continuación, si no estás casada ni comprometida en matrimonio, contesta a la siguiente serie de preguntas:

- ¿Crees que «se supondría» que a estas alturas ya tendrías que estar casada o comprometida y te preguntas qué es lo que va mal? ¿De dónde surge esa creencia? ¿Qué acciones te está impulsando a tomar?

- ¿Por qué quieres casarte?

- Si no te casas nunca, ¿cómo te sentirás?

- Cuando estás con tus amigas, ¿cómo te sientes por no estar casada ni comprometida? ¿Cómo te juzgas a ti misma o juzgas tu relación de pareja? ¿Qué te gustaría sentir o pensar de manera distinta?

- Si tienes novio, contesta a lo siguiente: ¿crees que más vale que se ponga las pilas y te pida que os caséis? ¿Has pensado en por qué no lo hace? ¿Cuál es el verdadero motivo por el que no estáis comprometidos ni vais camino de casaros?

Si actualmente tienes una relación de pareja, contesta al siguiente cuestionario sobre tu relación. Si no tienes pareja, puedes responder a estas preguntas con respecto a parejas anteriores:

- ¿Qué te motiva para mantener una relación?
- ¿Comparas tu relación con otras? Si es así, ¿por qué lo haces? ¿Qué intentas justificar o de qué intentas convencerte?
- ¿Idealizas las relaciones de otras personas y crees que son fantásticas porque se han casado o porque tienen algo que tú no tienes? Consejo: deja de inventar historias y de comparar. En realidad, nunca sabemos cómo son las relaciones de los demás. Y este tipo de actitudes nunca nos hacen sentir bien.

Si somos sinceras sobre nuestras motivaciones desde el principio, podemos evitarnos un montón de sufrimiento innecesario. Te animo a empezar a sopesar, como práctica habitual, qué motiva tus decisiones, tus sentimientos y tus ideas simplemente formulándote la pregunta: «¿Qué me motiva para hacer, sentir o pensar esto?» Es una buena manera de descubrir la verdad y de evitar conformarse con menos, sobre todo en lo tocante a las relaciones de pareja.

La realidad de conformarse con menos: la relación de pareja a medias

Conformarse con menos en nuestras relaciones de pareja puede generar un montón de situaciones infelices, entre ellas una a la que he dado en llamar la «relación a medias». Dicho en pocas palabras, es una relación de pareja que sólo deja espacio para que exista una fracción de una misma. En una relación a medias, compartimos con un hombre casa, ingresos económicos y quizás incluso hijos, pero la parte más *auténtica* de nosotras (cosas como nuestras emociones, nuestro espíritu, nuestros sueños y nuestra autoexpresión única y personal) la dejamos en la cuneta o la escondemos en un armario. Si en una relación no tienen cabida estas partes esenciales de nuestro yo, nos desesperamos, nos sentimos solas y acabamos buscando otros cauces para dar expresión a nuestro espíritu anhelante, intuitivo, dinámico, sensible y en constante evolución.

Vamos a la caza de personas que puedan y quieran vernos, de gente que nos adore y nos aprecie, con la que podamos conectar a niveles más profundos. Y luego tratamos de ensamblar estas múltiples relaciones en un intento de complementar nuestra relación de pareja básica. Por desgracia, la mayoría no conseguimos lo que de verdad buscamos y acabamos teniendo más amigos y más obligaciones, pero no más satisfacción. Lo que buscamos sólo puede proceder de la comunicación íntima con nuestra pareja. Da igual lo fantásticos que sean nuestros amigos o cuántos tengamos: los sucedáneos no sacian nuestro deseo de tener una relación plena con un hombre con el que podamos hacer el amor y al que podamos considerar nuestro compañero vital. No quiero decir con ello que no necesitemos relaciones, aparte de la que tenemos con nuestra pareja. Por supuesto que las necesitamos. Nuestros amigos, compañeros de trabajo y familiares y en general nuestro entorno social enriquecen enormemente nuestras vidas. Pero da igual cuánto recibamos de esas otras personas: si nuestra pareja no puede «vernos» de verdad, siempre salimos perdiendo.

Todavía me acuerdo de una discusión, ya muy al final de mi relación con mi ex novio, que debería haberme hecho sospechar que algo iba mal. Yo vivía en aquel momento con el piloto automático activado, firmemente atrincherada en mis motivaciones nocivas. Llevaba meses (puede incluso que años) sintiéndome sola y ansiaba desesperadamente que aquel hombre *me* amara. Quería que me viera cómo lo que era, una mujer bella y única, pero él no estaba por la labor, o quizás era incapaz de hacerlo. Una mañana en concreto, me detuve al borde de nuestra cama y, muy irritada, exclamé: «¡Es que no ME ves!» Esas palabras surgieron de lo más hondo de mi alma y allí me quedé, con el corazón abierto de par en par, esperando a que el hombre al que quería me entendiera por fin y *me* amara incondicionalmente. Su respuesta fue demoledora: «Claro que te veo. Estás delante de mí», dijo. No era una broma. Sencillamente no lo entendía, ni me entendía a mí. Esa conversación fue uno de los momentos en que más sola me he sentido en toda mi vida.

He visto a muchas mujeres dejar marchitarse su espíritu (aunque su alma ansiaba mucho más) con el único fin de prolongar una relación de pareja. ¡Esto tiene que parar! Toda mujer merece tener un compañero que la vea por completo y que sea capaz de comunicarse con ella en todos los sentidos, pero eso sólo puede suceder si *nosotras* no nos conformamos con menos. Conformarse con una relación a medias es como tirar un gran pedazo de nosotras mismas a la basura y, en último término, como proclamar a los cuatro vientos: «No merezco nada más. Mis sentimientos carecen de importancia. No soy lo bastante fiel a mí misma para empeñarme en tener el amor y la amistad que anhelo». Es como decirle a la parte más especial de nuestro yo: «Eh, vas a tener que conformarte con estar sola. Ve haciéndote a la idea de que tendrás que pasarte toda la vida anhelando a un compañero de verdad».

Por desgracia, las relaciones a medias han sido la norma durante tanto tiempo que la mayoría de nosotras cree que «así son las cosas». Pero nuestras relaciones de pareja son así únicamente porque *nosotras* permitimos que sean así. Mi amiga Tamara, por ejemplo, lleva más de quince años comprometida con su fidelidad a sí misma y su descubrimiento personal, pero también sigue conformándose con una relación a medias en la que su espíritu permanece en estado de letargo e invisible a ojos de su marido. Comparto su historia, el relato verídico de una mujer que ha asumido plenamente su autoconciencia, para ilustrar lo fácil que es para una mujer hallarse inmersa en una relación a medias incluso cuando cree haber apagado el piloto automático.

La historia de Tamara

Tamara lleva una vida típicamente americana: está muy atareada forjándose una carrera profesional, criando a sus hijos e intentando satisfacer sus otras pasiones: escribir, cocinar y la Cábala. Lo de cocinar lo lleva en la sangre desde que era muy niña. Esta afición, transmitida de generación en generación y fortalecida por su amor por Italia, nutre tanto su cuerpo como su espíritu. Desde que yo la conozco ha buscado una conexión más profunda con el mundo a través tanto de la práctica formal de la Cábala como de su pasión por la gastronomía y la escritura.

En algún punto del camino, Tamara conoció a Jack y se casó con él. A simple vista, parecían tener mucho en común. A Jack también le encanta cocinar y escribir. De hecho, es cocinero y tiene publicados varios libros. Al principio, su relación parecía poder convertirse en una simbiosis satisfactoria y gratificante, pero, a medida que fue conociendo mejor a Jack, Tamara descubrió que el hombre del que se había enamorado no creía en nada «espiritual». Conceptos como «autoconciencia» y «descubrimiento personal» no formaban parte de su vocabulario. Aun así, se casó con él confiando en que cambiara con el tiempo gracias a su influencia.

Unos cuantos años y varios hijos después, sigue esperando a que Jack despierte y cobre conciencia de que necesita sanar y crecer como persona. Lleva más de una década viviendo con el piloto automático puesto, atascado en sus creencias e ideales, mientras Tamara sigue madurando espiritual y emocionalmente. Su forma de ver la vida es tan distinta que se han abierto enormes brechas y grandes valles en su relación de pareja. Comparten casa, tres hijos y un plan de jubilación, pero poco más. A Jack no le interesa encontrarse a sí mismo, ni sanar, y mucho menos reconocer que tiene espíritu. Tamara ha intentando incansablemente a lo largo de los años ayudarlo a curar sus heridas y abrir un debate sobre todo lo espiritual, pero él no quiere entender ni conectar con su espíritu. Sólo le interesa su relación física y mental. A su matrimonio le falta conexión y comunicación profundas, y ella anhela constantemente algo que no parece encontrar.

Imagino que prolonga la relación por muchos motivos: los hijos, el dinero, incluso la esperanza de que algo cambie. Dado que Jack no le impide estudiar la Cábala, ella sigue avanzando sola por el camino de lo espiritual y del descubrimiento personal. Resignada a que su espíritu no tenga cabida en su relación de pareja, ha disociado sus valores e ideales esenciales de su matrimonio. De hecho, maneja su espíritu como una pieza de Lego de quita y pon. Pero en realidad no puede separarlo del resto de su yo. Su espíritu está enraizado en cada célula de su ser. Es ella misma. Y, por tanto, se encuentra casada pero sola y sin apoyo del hombre con el que duerme cada noche. Su espíritu sobrevive únicamente gracias a su estudio cotidiano de la Cábala, siempre en solitario, y a su conexión con otras personas embarcadas en una búsqueda espiritual. Pero la llegada de los hijos le ha dificultado incluso ese alivio. Es como si le estuvieran exprimiendo la vida. Sí, se conformó con muy poco, y quien más lo está sufriendo es ella misma.

Toda tú, siempre

La historia de Tamara no trata de la necesidad de que ambos miembros de una pareja tengan las mismas creencias. Muy al contrario: la diferencia de puntos de vista en cuestiones espirituales puede dar mayor calado a una relación. La cuestión no es la religión, es el espíritu. Cuerpo, mente y espíritu: somos las tres cosas, y no hay modo de separarlas. En nuestras relaciones de pareja, a menos que ambos miembros sean autoconscientes y emocionalmente sanos, podemos acabar dejando nuestro espíritu en la puerta, sobre todo si hemos forjado una relación a medias.

Si bien cuerpo, mente y espíritu conforman, en conjunto, nuestras vidas, es el espíritu el que nos conecta con nuestra razón de ser, con un propósito más elevado, con el talento y la pasión que nos hace despertar a la vida. El espíritu influye en cómo danzamos con la vida y con la muerte. Funciona como nuestro centro de alegría, de amor, de tristeza y de esperanza. Nuestros sueños habitan en nuestro espíritu y nuestra creatividad emana de él. Define, en resumen, nuestra singularidad como personas. Si no podemos compartir plena y libremente nuestro espíritu con nuestra pareja, no somos más que un cuerpo y una mente vacíos y sin alma. Contando únicamente con cuerpo y mente, podemos establecer un contrato para «sobrevivir» (la casa, los niños, el barco, los ingresos dobles y los planes de pensiones), pero se tratará únicamente de un contrato económico y, francamente, no basta con eso.

¿Y si no tuvieras que conformarte con ese contrato? ¿Y si insistieras en que tu pareja te valorara por entero: en cuerpo, mente y espíritu? Los aspectos físico y mental de la vida puedes solucionarlos sin necesidad de un hombre. En contra de lo que afirman los cuentos de hadas que todavía afectan sutilmente a las motivaciones de un sinfín de mujeres, no necesitas que un hombre cuide de ti y, de hecho, nadie puede cuidar de ti salvo tú misma. Al igual que todas las mujeres, tienes derecho a mucho más que a ese contrato. Mereces una conexión plena y profunda con tu compañero, una relación en la que tu espíritu pueda alzar el vuelo y en la que puedas ser tú, visible por completo. Ése es el tipo de vínculo que puede aportar a tu vida nuevas cotas de gozo y plenitud. Sé fiel a ti misma y no te conformes con menos.

❤ Reflexiones sobre MÍ ❤

¿Tienes o has tenido alguna vez una relación a medias? Piensa en la interacción que tienes o has tenido con tu pareja y responde a las siguientes preguntas:

- ¿Hay sentimientos, partes de tu vida o temas que no compartes con tu pareja?
- ¿Hay aspectos de ti misma que él no entiende, por más que le des explicaciones?
- ¿Desdeña lo que quieres decirle o se comporta como si no le importara?
- ¿Prefiere encender la tele o cambiar de tema a tener una conversación sincera y plena de sentido?
- ¿Te sientes a veces sola, incluso cuando estás con él?
- ¿Desearías poder conectar con una parte más profunda de tu pareja y no encuentras las palabras adecuadas para conseguirlo?
- ¿Falta intimidad, física o emocional, entre vosotros?

Si has contestado afirmativamente a alguna de estas preguntas, es probable que te estés conformando con una relación a medias. Y aun en el caso de que hayas contestado que «no» a todo, te animo a que reflexiones sobre las cuestiones que planteo más abajo, ideadas para ayudarte a descubrir la verdad acerca de la clase de vínculo que tienes con tu pareja actual o que has tenido con tus parejas en el pasado. Esta exploración te será útil incluso si actualmente no tienes pareja. Recuerda que tendemos a repetir patrones de comportamiento hasta que cobramos conciencia de ellos.

Responde al siguiente cuestionario relativo a tu vínculo con tu pareja actual o tus parejas pasadas:

- ¿Conectáis el uno con el otro más allá de lo físico y lo mental? ¿Hasta qué punto conectáis emocionalmente? ¿Y espiritualmente?
- ¿Cómo reacciona cuando le hablas de tus problemas o tus sentimientos? ¿Está dispuesto a hablar de ellos?

¿Acepta su responsabilidad o intenta escurrir el bulto? ¿Crees que mereces tener a tu lado a un hombre dispuesto a comunicarse, especialmente en los momentos difíciles?

- ¿Estás *toda TÚ* presente cuando te encuentras con ese hombre? ¿Te quiere tal y como eres o pone condiciones? (Tu pareja debería quererte *por completo*, aunque no le guste todo de ti. Si pone continuamente en evidencia las cosas que haces mal o que tienes que cambiar, o te dice que no expreses lo que piensas, tus ideas o tus sentimientos, ¡ándate con ojo! Es muy probable que acabes sofocando o incluso sacrificando tu espíritu por mantener la relación.)

- ¿Tienes momentos de duda respecto a ese hombre o te planteas si de verdad hay espacio en la relación para todo tu ser? ¿Cuáles son esas dudas? ¿Qué intentan decirte? ¿Qué temes oír?

- ¿Puedes afirmar sinceramente: «Mi pareja me comprende de verdad. Me ve por completo?» ¿Cómo lo sabes?

Si estás casada o tienes pareja, responde a las siguientes preguntas:

- ¿Tu vida se parece más bien a la de una mujer soltera? ¿Te descubres yendo a eventos, haciendo actividades o buscando diversión tú sola o con amigos cuando en realidad querrías hacer esas cosas con tu pareja? Es decir, aparte de pasar una cantidad saludable de tiempo sola, ¿te sientes como si estuvieras siempre sin él? ¿Estás contenta incluso cuando no está? Si te dices:

«Da igual hacer esto sola», ¿estás siendo sincera de verdad?

- ¿Pones excusas (tiene que trabajar, no es muy sociable, es un problema económico, no le gustan tus amigos, etcétera) cuando tu pareja está ausente? Si es así, ¿cómo te sientes al hacerlo?

- ¿Quieres una pareja con la que puedas compartir experiencias vitales? Si no tienes esa pareja, ¿por qué no la tienes? ¿Qué mentiras has estado contándote a ti misma?

Después de sobrevivir a mis relaciones a medias, me prometí a mí misma que jamás volvería a conformarme con «el contrato». Puesto que estaba claro que había tenido a mi espíritu encerrado en el armario muchísimo tiempo, me prometí que en el futuro elegiría únicamente a un hombre que me aceptara por entero, toda yo, con los brazos abiertos. Ser fiel a mí misma hasta ese punto me permitió forjar una relación de pareja con un verdadero compañero que me adora y me valora *por completo*. Yo me veo plenamente y él me ve del mismo modo. Después de haber vivido ambos tipos de relación, entiendo por qué nos conformamos con menos y sé que no tenemos por qué hacerlo. Francamente, ahora preferiría estar sola a tener una relación a medias. Todo lo «contractual» puedo conseguirlo por mis propios medios. Lo que no tiene precio es el apoyo emocional y espiritual, el afecto y la comprensión. Lo que quiero es un compañero con el que experimentar y explorar la vida en toda su extensión. *Eso* es lo que nutre mi espíritu. ¿Sabes tú lo que nutre el tuyo? ¿Estás dispuesta a exigir que nutran tu espíritu? ¿Y a pedir y crear una relación plena y satisfactoria?

Para profundizar

ESCOGE DEJAR DE CONFORMARTE Y EMPEZAR A VALORARTE Y SER FIEL A TI MISMA

Para dejar de reaccionar a un sentimiento de carencia y privación y dejar de conformarte con menos, tendrás que aceptar el compromiso de valorarte y ser fiel a ti misma. Tienes que empezar a esperar algo más. Comenzar a creer que lo que quieres es posible. A estas alturas ya sabes que, si no crees en lo que anhelas o no pones empeño en conseguirlo, no podrás crearlo. Nadie más que tú va a darte la vida que quieres. La cuestión es si estás preparada para creer que lo mereces, dispuesta a permitirte conseguirlo y lista para dar un paso al frente y obtenerlo. Si es así, estás preparada para honrar siempre y en toda circunstancia a la persona más importante de tu vida: tú misma.

Antes de hacer esta promesa, plantéate un par de preguntas que te ayudarán a aclarar lo que quieres. Utiliza las respuestas para redactar tu promesa de honrarte. El enunciado de la promesa que incluyo aquí puede ayudarte a empezar.

Preguntas previas

- ¿En qué vertientes de tu vida en general y de tus relaciones de pareja decides dejar de conformarte con menos?
- ¿Qué eliges creer que mereces, tanto en tu vida en general como en tus relaciones de pareja?
- ¿Qué insistes en obtener de tu pareja? ¿Y del resto de personas que forman parte de tu vida íntima?
- ¿Qué estás *tú* dispuesta a dar?

◎ PROMESA DE HONRARME ◎

Me comprometo *desde este preciso instante* a dejar de conformarme con menos, a desembarazarme de mi saco de carencia, a ser impecablemente sincera respecto a mis motivaciones, a elegir una vida de posibilidades y abundancia y a honrar profunda y verdaderamente a la mujer preciosa que soy.

Incentivo: un mantra para honrarME

En reconocimiento a tu compromiso, te brindo la siguiente autoafirmación, un mantra del que puedes servirte para crear una vida y una relación de pareja que te honre de verdad. Recítalo cada día, cada semana o cada hora, una vez, cincuenta o cien, las que hagan falta para persuadirte de que debes dejar de conformarte con menos. Este recitado no resolverá todos tus problemas, pero te ayudará a transformar tus creencias y a convertir en realidad su contenido:

Merezco tener todo lo que necesito y quiero en una pareja y en mi relación con ella. Si soy fiel a mí misma, es posible tenerlo todo.

SEGUNDA *Parte*

ÉL

CAPÍTULO *Seis*

Elegir tus Cuatro Esencias

CONSIGUE AL HOMBRE QUE QUIERES ACLARANDO PRIMERO QUÉ ES LO QUE QUIERES DE VERDAD

*T*enga pareja o no la tenga, toda mujer necesita saber qué es lo que busca en un hombre, al margen de quién ocupe actualmente su cama. ¿Cómo podemos esperar que nuestras parejas sean como queremos que sean si no tenemos ni idea de lo que buscamos en un compañero, o de por qué queremos tener pareja? ¿Cómo podemos angustiarnos por no haber atraído a nuestra alma gemela si no sabemos lo que nos importa *de verdad*? La respuesta es que no podemos. Ahora ya sabes que toda relación empieza por TI. Lo siguiente que tienes que entender es que, a menos que tengas clarísimo lo que quieres de ÉL, es poco probable que lo encuentres.

Esto exige, entre otras cosas, que dejes de hacer, revisar, comparar y mantener cualquier tipo de «lista de cualidades» que hayas elaborado a lo largo de tu vida. Es decir, que renuncies a un inventario exhaustivo de las características que ha de tener un hombre para ser tu «media naranja». Se acabaron las listas de criterios que debe cumplir: ¿Viste o tiene la apariencia que debe tener? ¿Les gustará a mis padres? ¿Qué pensarán mis amigos? ¿Qué clase de futuro tenemos? Dios mío, ¿quién podría aprobar un examen semejante o poseer las quince o veinte cualidades (muchas de ellas superficiales) que posiblemente tenemos aprendidas de memoria? Lo mismo daría que metiéramos al pobre tipo en un ordenador y viéramos aparecer el letrero de «suspenso» en la pantalla.

Me estremezco al pensar en cuántas de nosotras hemos cometido el error de conocer a un chico y, al cabo de un par de citas (o menos), empezar a medirlo conforme a nuestros criterios y parámetros. ¿Cuántas hemos puesto fin a una relación porque el «pack completo» (físico, empleo, origen social, futuro, amigos) no nos parecía el adecuado, aunque él nos hiciera sonreír de los pies a la cabeza? ¿Cuántas hemos dejado que nuestros amigos o nuestra familia nos disuadan de seguir la verdad que nos dictaba el corazón?

Aunque nunca hayas hecho una lista de cualidades que debe cumplir un hombre, no estás libre de culpa. No tener claro qué es lo que quieres es igual de malo que tener una larga lista de requisitos. Si no dedicamos tiempo a pensar concienzudamente qué es lo que queremos, ¿cómo vamos a quejarnos de lo que tenemos o a preguntarnos por qué ÉL no ha aparecido todavía? Es inaceptable contestar a las preguntas: «¿Qué es lo que buscas en una pareja?» y «¿Qué te importa en un hombre?» con respuestas estereotipadas como: «Quiero un hombre bueno, que sea divertido, inteligente, guapo y que tenga estabilidad económica». ¡Uf! ¡Prefiero mil veces el celibato! ¡Qué forma tan desapasionada de elegir con qué clase de hombre queremos pasar el resto de nuestras vidas! Por desgracia, es así como muchas de nosotras abordamos la cuestión de cómo encontrar a nuestra pareja ideal. No es de extrañar que estemos a menudo insatisfechas.

Lo bueno es que todo esto está a punto de cambiar. Cuando acabes este capítulo, comprenderás con toda claridad por qué quieres tener pareja y serás capaz de expresar con apasionada lucidez cómo es ese hombre. Si ya tienes una relación de pareja, podrás ubicar las lagunas entre lo que tienes y lo que deseas y, de esa forma, hacer algo por ponerles remedio, aparte de quejarte. Si no tienes pareja, reunirás la energía necesaria para atraer hacia ti a esa persona. Permíteme introducirte en la magia de las «Cuatro Esencias».

Las Cuatro Esencias

Las Cuatro Esencias, basadas en un único principio (aquello en lo que te concentras es lo que atraes), equivalen al poder de la intención puesto en juego para atraer a la pareja que deseas. En su forma más simple, funciona así: *concéntrate* y *expresa* las cuatro esencias básicas que tu corazón y tu espíritu (no tu intelecto, ni tu ego, ni tu miedo) desean en una pareja, y atraerás lo que deseas.

Concentrarse es un requisito imprescindible en lo relativo a las intenciones poderosas. Algunas mujeres me preguntan: «¿Por qué cuatro? ¿Por qué no cinco o seis?» He llegado a la conclusión de que cuatro es el número ideal porque permite la concreción y al mismo tiempo deja espacio suficiente para expresar lo que queremos. Concentrarse en cuatro esencias exige claridad y nos impide recurrir automáticamente a la lista de características estereotipadas. Aunque las mujeres y los hombres con los que he compartido esta idea me ruegan de vez en cuando que sean cinco o seis, mi respuesta es siempre la misma: «Ahorraos el esfuerzo». Son las *Cuatro* Esencias. Si intentas concentrarte en demasiadas cosas, el poder de tus intenciones se disipa y obtienes resultados mediocres, en el mejor de los casos.

La energía es otro componente clave de las intenciones poderosas. Si concedes poca importancia a tus intenciones, o si proceden de un lugar malsano, no servirán de nada ni obtendrán resultado alguno. Identificar cuatro esencias concretas que nos importan y comprometerse a encontrar a un hombre que las tenga es como fabricar un imán gigante. La claridad de ideas y la capacidad de expresar emocionalmente una esencia (en lugar de un rasgo de carácter, un atributo o una característica) es vital para lograr el éxito en esta empresa. El universo responde a la energía generada por los sentimientos (pasión, amor, curiosidad, dolor, alegría). Al pensar en la pareja a la que queremos atraer, no podemos quedarnos sólo dentro de nuestras cabezas, debemos escuchar también al corazón y *sentir* las respuestas a preguntas como: «¿Quién es este hombre en el fondo de su ser? ¿Cuáles son sus convicciones? ¿Qué aporta al mundo por el mero hecho de ser como es?» Debemos ser capaces de sentir su espíritu y tener el anhelo de conocer su alma, no su currículum. Descubrir tus Cuatro Esencias no es como elaborar una presentación en PowerPoint. El proceso de desvelar al hombre con el que quieres compartir tu vida debería ser como crear un cuadro vibrante y lleno de vida que agite tus emociones e ilumine tu espíritu como se ilumina una luciérnaga.

Naturalmente, como sucede con todo lo valioso, crear intenciones lo bastante poderosas para que se manifiesten en una persona exige esfuerzo y reflexión y un ensanchamiento de la autoconciencia. Las Cuatro Esencias que elijas no se te van a escapar de los labios automáticamente como una lista resumida de cualidades o como una retahíla desapasionada. No, marcarse la intención de dar con Cuatro Esencias que de verdad funcionen exige reflexión, apertura de miras, sinceridad y el compromiso de seguir cuatro pasos que a continuación exponemos detalladamente:

Cuatro pasos para atraer a un hombre que reúna tus Cuatro Esencias

1. Despréndete de cualquier creencia o ideal equivocado que te estorbe a la hora de marcarte tus intenciones y propiciar su manifestación.
2. Descubre lo que quieres de verdad en tu pareja y por qué quieres tener pareja.
3. Elabora tus propias Cuatro Esencias.
4. Comprométete a atraer al compañero que deseas, al margen de que ahora mismo tengas pareja o no.

Ah, sí, y una última cosa: haz todo esto con un sentimiento de descubrimiento y alegría. Piensa en ello como en una aventura firmemente apoyada en lo que, en último término, es lo más importante: el amor que tienes por ti misma.

Paso 1. Despejar el camino

Empecemos por desembarazarnos de todo aquello que nos estorba para crear nuestras Cuatro Esencias. En este proceso, primero debemos asegurarnos de que somos plenamente conscientes de las normas para marcarse una intención, incluidas las cuatro expuestas más arriba. Aunque atraer lo que queremos puede ser algo tan sencillo como la fórmula concentración + energía + acción, también es tan complicado como todas las ilusiones y miedos a los que nos aferramos y que, sinceramente, se interponen en nuestro camino. En segundo lugar, nos olvidaremos de todos los hombres actuales o pretéritos que forman o han formado parte de nuestras vidas. Aunque sé que entiendes que toda relación de pareja empieza por ti, la experiencia me dice que, cuando nos preguntan «¿Qué buscas en una pareja?» muchas utilizamos a nuestra pareja actual o pasada como modelo de referencia, sobre todo si no queremos reconocer que nuestro compañero actual no es lo que queremos, o si creemos que otro anterior habría sido el ideal para nosotras.

De modo que vayamos por partes. Vamos a ahondar en las tres áreas que tienes que dominar antes de ponerte a crear tus Cuatro Esencias: la intención y sus complejidades, la cláusula del envoltorio y la cláusula de la oportunidad.

Marcarse una intención: principios básicos

No conozco a mucha gente que no quiera beneficiarse del poder de la intención: *aquello en lo que te concentras, es lo que creas.* ¿Quién no quiere cumplir sus verdaderos deseos por el simple hecho de concentrarse en ellos? El problema no es *querer*. Lo que parece restar toda su potencia a nuestra intención es nuestro apego por la gratificación instantánea y por la satisfacción material, así como nuestras dudas y nuestros miedos. A continuación expongo el intríngulis, o las sutiles complejidades, de trabajar con las intenciones. La manifestación es un tema que la gente estudia durante años. Son muchos los que han llegado a dominar el arte de manifestar sus intenciones en diversas áreas de sus vidas. Para el propósito de este libro, vamos a centrarnos en atraer a la pareja que quieres sirviéndonos del poder intencional de las Cuatro Esencias. Si te interesa dominar la manifestación de otros deseos, en mi página web (www.mebeforewe.com) puedes encontrar diversos recursos relacionados con este tema.

MANTÉN TU INTEGRIDAD. La búsqueda desapasionada de objetos materiales y ambiciones triviales es un modo muy cutre de utilizar el poder de la intención y, de todos modos, lo único que suele conseguirse es un paquete de cosas superficiales que, en último término, no te hace feliz. Sé sincera respecto a tus motivaciones y su procedencia. No te dejes motivar por deseos que no radiquen en tu corazón y tu espíritu. Aléjate de las intenciones basadas en el miedo, el ego y el sentido de la obligación.

MANTÉN TUS COMPROMISOS. Vacilar constantemente o cambiar de opinión es como marear al universo. Debes estar dispuesta a mantenerte firme y decir: «Sí, esto es lo que quiero». A continuación, haz lo necesario para conseguirlo. Ello no significa que tus intenciones sean inamovibles: la vida cambia constantemente. Pero en esto no puede haber medias tintas: o reivindicas tus deseos o dejas de quejarte de ser infeliz.

ESCUCHA Y RECIBE. Hacer oídos sordos o manipular los mensajes que te envía el universo, en la forma que elija hacerlo, es mala idea y no te lo recomiendo en absoluto. Cuando te marcas una intención, debes estar completamente abierta, consciente y dispuesta a aceptar lo que venga. Tienes que estar preparada para recibirlo *todo*. A veces, cuando nuestros deseos se hacen realidad, ello nos aporta tanto amor o alegría que nos sentimos sobrecargadas. Quizá tengas que ampliar lo que yo llamo tu «cociente de felicidad», la cantidad de alegría que permites entrar en ti, o tu «cociente de amor», la cantidad de amor que eres capaz de recibir de otra persona.

CREE. En cuanto dejas entrar a la duda o al escepticismo, el poder de tu intención queda inutilizado. Rétate a permanecer abierta a las posibilidades y a evitar la negatividad. No permitas que el intelecto domine tu espíritu. Sé práctica y vive al mismo tiempo con un sentimiento de posibilidad absoluta. Se trata de equilibrar ambas cosas, no de elegir entre una y otra.

SÉ AGRADECIDA. Esto es muy importante y a menudo se ignora. Agradece lo que tienes *hoy*. Con excesiva frecuencia nos concentramos con tanta intensidad en lo que queremos que no se nos ocurre dar gracias por lo que ya tenemos. Si te resulta difícil dar las gracias, márcate como reto decir en voz alta, una vez al día, qué cosas de tu vida aprecias más: seguro que te sorprende lo maravillosa que ya es tu vida.

La cláusula del envoltorio

Aunque muchas de nosotras lo intentamos, no podemos controlar el recubrimiento en el que viene envuelto nuestro hombre: su aspecto o su forma de vestir, cómo se gana la vida (o no se la gana), dónde vive o cuánto dinero tiene. Para que el hombre que quieres se manifieste, tienes que olvidarte de controlar ese envoltorio. Puede que sea calvo, bajo, alto, gordo o que esté obsesionado con el color naranja. Puede que se haya criado en una caja de cartón, que esté estudiando para florista, que tenga doce dedos en los pies, cinco gatos o cualquier otra cosa. Despréndete de todas tu ideas preconcebidas respecto a sus cualidades y características externas, o limitarás lo que obtengas.

Las Cuatro Esencias exigen que describas lúcidamente y con pasión cómo es ese hombre en el fondo de su ser, no que hables de su currículum, ni de sus orígenes familiares, ni de su cartera de acciones. Puede que tu ego y tus miedos se regodeen y encuentren confort en las cosas materiales y físicas, pero serán tu corazón y tu espíritu quienes te conduzcan a entablar un vínculo profundo y trascendental con tu pareja. La esencia de un hombre (el núcleo de su ser, las partes que conforman su alma) no cambia. Todo lo demás puede cambiar, y a menudo lo hace o desaparece con la edad, la enfermedad, el estrés o un vuelco del mercado de valores. Debes tener clara la diferencia. Sé sincera respecto a tus propias motivaciones.

Aunque casi todas tenemos clara esa distinción en un plano intelectual, cuando nos enfrentamos a la realidad de una posible pareja, son pocas las que de verdad están dispuestas a dejar de poner todo tipo de barreras físicas y materiales respecto a la clase de hombre a la que querrían ver convertido en su novio o su marido. De hecho, esos «requisitos de embalaje» suelen servirnos para ahuyentar de nuestro lado a tíos estupendos y dejar entrar en nuestras vidas, en cambio, a otros que no merecen la pena. Las razones son infinitas e incluso pueden ser válidas, pero con frecuencia nos distraen de lo que está pasando de verdad.

Marcarse una intención exige integridad, es decir, ser impecablemente sincera respecto al lugar de dónde *de verdad* brotan tus deseos. ¿La idea de tener como pareja a un hombre guapo, con dinero, responsable y educado no responderá en realidad a algún miedo oculto, a una creencia autolimitadora o a una inseguridad tuya? ¿Estás tan obsesionada con la visión que tienes en la cabeza que el hombre al que elijas debe encajar en esa imagen *perfecta*? He oído multitud de razones relacionadas con el envoltorio para rechazar a un tipo potencialmente estupendo, y yo misma me he servido de algunas. He aquí dos de las que suelen surgir más a menudo. Léelas y grábatelas en la memoria para no caer en el error del envoltorio.

1. TIENE ALGO QUE NO ME VA. Si cuando vuestros labios se tocan es como besar una batería descargada, por el amor de Dios, abandona el barco. Pero si hay algo de química, aunque sea muy poca, ten presente que a menudo confundimos el miedo a una relación profunda con la falta de atracción. Si hay algo en él que no te gusta (que tenga la barbilla pequeña, por ejemplo), pero su personalidad te hace tilín, procura ver su verdadera belleza y olvidarte del resto. Lo mismo puede decirse de la barriga, de los pelos en la nariz o de la calvicie. Olvídate del aspecto físico con el que te has obsesionado o ponte como reto mirar más de cerca aquello que te asusta. ¿Es miedo a la intimidad? ¿Al amor? ¿A la amistad? ¿A ser verdaderamente feliz? Y cuando descubras qué es lo que te pasa en realidad, echa otro vistazo a ese hombre. ¿Sigue haciéndote tilín? ¿Te aporta felicidad la relación? Si la respuesta es sí, entonces es probable que, aunque siga teniendo [inserta aquí lo que no te gusta de su envoltorio], la cosa no sea para tanto.

1. NO ES [INSERTA UNA EXPECTATIVA], NO TIENE [INSERTA OTRA EXPECTATIVA] Y NUNCA VA A SER [INSERTA OTRA MÁS]. Aunque es verdad que nadie quiere salir, y mucho menos casarse, con un

fracasado, la mayoría de las mujeres no se dan cuenta de que su propio ego y sus expectativas absurdas ahuyentan a hombres fantásticos. Queremos un hombre con éxito y plenamente realizado y lo queremos ya. Pero la verdad es que los hombres que *parecen* tenerlo todo a simple vista a menudo carecen de la profundidad, del alma y de la sensibilidad que buscamos. Hemos adquirido la costumbre de juzgar a los hombres por lo que no son y, como consecuencia de ello, apartamos a muchos hombres fantásticos y autoconscientes comprometidos con su crecimiento personal. También nos encanta ponerles nota a nuestras parejas y compararlos con otros y con nuestros propios parámetros. Me pregunto a cuántas mujeres les gustaría que las juzgaran conforme a su pedigrí acreditado, como a un *cocker spaniel* en una exhibición de perros. Es hora de que las mujeres nos demos cuenta de que, aunque no tenga las credenciales adecuadas, la educación o la procedencia social que nos hemos marcado como objetivos, un hombre puede ser todo aquello que deseamos y más.

La verdad es que muchas veces nuestras fijaciones respecto al envoltorio tienen que ver con nuestros propios complejos, no con sus defectos. No serías la primera en darte cuenta de que el problema que tienes con el hombre con el que sales es en realidad resultado de miedos profundamente arraigados, de la ignorancia o de una actitud equivocada. Si te descubres juzgando a un hombre por su envoltorio (su aspecto físico, su situación económica, su origen social, su éxito material o cualquier otro atributo externo), asegúrate de que comprendes de dónde proceden tus reparos. Por ejemplo, si te gusta de verdad un tío pero te preocupa que no tenga ambición profesional, busca de dónde proceden tus dudas. ¿Proceden del corazón, donde albergas el deseo sincero de que ese hombre mejore de vida por su propio bien (aumentando su autoestima, por ejemplo, al conseguir el empleo que merece)? ¿O brotan de tus miedos personales y de criterios cuestionables (por ejemplo, que su sueldo no sea lo bastante cuantioso para mantener el tren de vida que deseas)? Todas queremos, como es lógico, estar con un hombre que crea en sí mismo, pero eso es muy distinto a rechazar a un hombre porque no encaja con nuestro ideal económico. Sé sincera respecto a *tus* objeciones y respecto al lugar de donde proceden.

He visto a muchas mujeres rechazar a tíos estupendos por no ser capaces de dejar atrás sus propias fijaciones y ver lo que podían aportarles como pareja. A veces surge alguien en nuestras vidas para ayudarnos a crecer. Las relaciones de pareja *sanas* actúan a menudo como un catalizador del cambio personal (que no es lo mismo que intentar «reformar» al otro). Hay una enorme diferencia entre intentar cambiar a alguien y crear una relación en la que cada individuo ayude al otro a convertirse en mejor persona. En una relación sana, podemos servir de inspiración e influir al otro si, en efecto, quiere cambiar, explorar nuevas posibilidades y crecer con nosotras.

Así que, si tienes dudas respecto a un hombre, da un paso atrás. Céntrate en lo que te importa (elegir el YO antes que el NOSOTROS) y distingue entre lo que es real y lo que está empañado por prejuicios injustos, comparaciones y fijaciones personales. Puede que te encuentres con un hombre que de verdad está embarcado en un proceso de crecimiento personal, que te ve como una fuente de inspiración y que puede serlo, a su vez, para ti.

El hombre al que ahora considero mi mejor amigo y mi compañero vital apareció sin pelo y con el gusto en el vestir de un adolescente entrado en años. Fue así como recibí la primera lección de lo que yo llamo «Olvídate del envoltorio». A su cabeza prácticamente calva pero perfectamente afeitada le tomé cariño enseguida. Lo de su ropa fue otra cuestión. Casi me convenció de que aquel hombre carismático que me producía un agradable hormigueo interior no era el compañero más adecuado para mí. Daba igual que al estar a su lado me aleteara el corazón: cuando lo veía con aquella chaqueta de franela morada y naranja, con una ajada sudadera de la Universidad de Illinois debajo, se me ponían los pelos de punta. El día que se presentó en mi casa con su cazadora de aviador de piel marrón de 1992, me dieron ganas de cerrarle la puerta en las narices. Puede que parezca frívolo, pero era, en realidad, mi intento de interponer obstáculos que me impidieran obtener lo que de verdad quería: amor, compañerismo y un hombre que de verdad me entendiera. Así pensaba una mujer que no estaba lista para confiar en una nueva relación de pareja. Yo misma estaba levantando barreras para impedirme experimentar la felicidad.

Por suerte tenía amigas inteligentes que me recordaron que la mayoría de los hombres no tienen ni idea de moda, a no ser que alguna ex novia les haya hecho un buen repaso en ese aspecto, o sean gays o metrosexuales. Fue, además, una suerte que en ese momento yo estuviera yendo a terapia y que pudiera analizar mis propios miedos y mis inseguridades. Pero, sobre todo, fue una suerte haber escogido a una pareja que poseía las cualidades intrínsecas que para mí eran esenciales. Una de mis Cuatro Esencias respecto a las cualidades que había de cumplir un hombre era la voluntad de convertirse en la mejor persona posible: una disposición perpetua a experimentar la vida en toda su plenitud, a probar cosas nuevas y a creer en nuevas posibilidades.

Noah estaba dispuesto a crecer personalmente y ello le permitió (y me permitió a mí) comprender a qué se debía que llevara aquellas chaquetas tan horrorosas, los calcetines llenos de agujeros y los polos arrugados: en realidad, sólo eran síntomas de que, en muchos aspectos, no se cuidaba lo suficiente. Debajo de la ropa había síntomas más graves, como un trabajo que le desagradaba, una falta de ambición y una calificación crediticia no precisamente deslumbrante. Cuando por fin pude separar mis propias fijaciones de los síntomas que mostraba él, pudimos hablar de lo que estaba pasando en realidad. En ese proceso, Noah descubrió que el sentimiento que tenía de sí mismo afectaba a su apariencia y a cómo se presentaba ante los demás, que no se quería a sí mismo y que, debido a ello, no creía que pudiera soñar con conseguir cosas mejores. Con mi apoyo y cariño (ojo: sin intentos de «arreglarlo»), cambió la relación que tenía consigo mismo y su creencia respecto a sus posibilidades de disfrutar de abundancia y prosperidad, lo que se reflejó en su ropa, en su carrera profesional y en sus planes para el futuro. Empezó a cuidarse más. Como estaba abierto al crecimiento personal, aprendió a quererse de una manera más holística. Cambió el envoltorio que yo previamente había intentado utilizar como excusa para romper con él. De no haber elegido cambiar, estoy segura de que la relación se habría terminado, no porque tuviera los calcetines rotos o porque sus chaquetas fueran espantosas, sino porque no estaba dispuesto a crecer como persona, y para mí eso era fundamental. Y si yo no hubiera centrado mi corazón y mi cabeza en mis Cuatro Esencias y hubiera dejado tiempo para que creciéramos juntos, no habría descubierto su deseo de crear una vida mejor para sí mismo. Tuvo que encontrar ese deseo a su propio ritmo y yo tuve que dejar que lo hiciera, igual que tuve que desprenderme de mis fijaciones anteriores.

La cláusula de la oportunidad

Te guste o no, tampoco puedes elegir el momento en que te topas con una pareja con enorme potencial. A menudo sucede cuando menos te lo esperas o quieres, así que tal vez tengas que asumir desde ya que tu compañero ideal no va a aparecer cuando tú elijas. Puedes elegir, desde luego, rechazar a un hombre interesante o no dejarle entrar en tu vida, pero en cualquier caso el «envío» te será entregado, lo aceptes o no.

Nuestra tarea es sencilla, aunque quizás intentemos complicarla: estate atenta cuando aparezca y déjate llevar. Puede que su llegada te resulte inconveniente porque hayas empezado a trabajar en un sitio nuevo, o porque viajes mucho, o por otros mil motivos. Puede que estés pasando por un mal momento emocional y que lo último que se te pase por la cabeza sea iniciar una relación de pareja. Puede incluso que estés saliendo con otra persona. Y puede que te digas: «No, no puede ser mi "media naranja"». Siempre que intentamos controlar el momento y la oportunidad, llevamos las de perder.

No tenemos toda la información sobre lo que nos está pasando, por más que nos guste creer que sí. Hay en juego elementos mucho mayores que nosotras mismas, y la vida funciona con una sincronía asombrosa si no se lo impedimos. La mayoría de nosotras ha vivido al menos una situación que no entendía en su momento y que, al echar la vista atrás, le brindó justamente lo que necesitaba. Lo mismo puede decirse de la búsqueda del amor. Confía en que, cuando tus Cuatro

Esencias se manifiesten en un hombre, vale la pena probar suerte. No quiero decir con ello que tengas que dejar al hombre con el que estás porque aparezca otro que te haga tilín. Haz caso de tu intuición. Mantente alerta y escucha atentamente tu verdad más íntima. Confía en la divina oportunidad y deja al margen la lógica.

El cerebro no hace más que estorbar, al menos según mi experiencia. Yo misma utilicé la excusa de la inoportunidad, respaldada plenamente por la lógica, cuando intenté alejar de mí a Noah. Era muy fácil recurrir a ella, porque apareció poco después de la ruptura de mi compromiso. Me parecía lógico decirle que se fuera a paseo. Yo en aquel momento estaba intentando asimilar una cantidad ingente de emociones, temores, inseguridades y resentimientos. Y aunque no lo sabía entonces, también estaba en los albores de mi despertar personal. Había apagado el piloto automático, había dejado de hurgar en mis agujeros e iba camino de convertirme en una mujer sana y autoconsciente.

Si me hubiera empeñado en que era «demasiado pronto», habría echado a Noah de mi vida. Mi cerebro me decía que era lo más sensato, pero mi corazón clamaba: «¡Deja que se quede!» Mi yo racional se esforzaba por acumular argumentos en su contra, pero Noah se las ingenió para hacerme ver las cosas desde otro ángulo. Cuando llevábamos dos meses saliendo, le dije: «No estoy preparada para una relación». Estaba tan acostumbrada a tener novio que no sabía que había otras posibilidades. Su respuesta, sincera e ingeniosa, fue: «¿Quién ha dicho nada de una relación? Podemos simplemente pasar tiempo juntos, conociéndonos mejor, y divertirnos». Aquello disipó de un plumazo toda la presión. ¿Salir y pasarlo bien sin expectativas de una relación a largo plazo? ¡Menuda idea!

Esas pocas palabras lo cambiaron todo. Habiendo quitado de en medio el problema del «momento oportuno», renuncié al control y me llevé algunas de las mejores sorpresas de mi vida: amor incondicional, apoyo, ternura, bondad, un buen humor sin complejos, amistad y compasión. Nunca antes había conocido a nadie como Noah, porque nunca me había brindado a mí misma esa oportunidad: no me había querido lo suficiente para dejar entrar en mi vida un amor así.

Ahora que entiendes las normas y condiciones de cómo marcarse una intención y de cómo hacer que esa intención se materialice, estás lista para la segunda parte de nuestro entrenamiento: despejar tu mente de hombres, tanto actuales como pasados. Tu objetivo es hacer tabla rasa, borrar de la pizarra cualquier idea, vinculación o sentimiento que tengas por una figura masculina concreta. Si actualmente tienes pareja, debes crear tus Cuatro Esencias sin pensar en ella. De lo contrario, sus características teñirán lo que elijas. Así pues, durante el resto de este capítulo, considérate soltera y sin compromiso. ¡Siéntete libre! Si no tienes pareja, es probable que algún vestigio de un novio anterior te ronde aún por la cabeza o el corazón. Borra todo pensamiento acerca de tus ex novios y libérate de tus expectativas y percepciones pasadas.

Si te cuesta dejar de pensar por completo en un hombre de tu presente o de tu pasado, te recomiendo que pruebes la técnica del líquido naranja. Es muy sencilla, pero eficaz al cien por cien. Funciona así: cierra los ojos, imagínate a ese hombre, siente su presencia y a continuación vierte un líquido naranja sobre él, de la cabeza a los pies, borrando todo rastro de su existencia. Se derrama un buen chorro de líquido naranja y listo.

Ahora que ya has hecho tabla rasa, y con el espíritu de una aventurera a punto de descubrir oro, prométete una última cosa: el tiempo necesario para encontrar tus Cuatro Esencias, para descubrir qué necesitas para ser fiel a *ti* misma. Dedicar tiempo a descubrir qué es lo que de verdad buscas en una pareja, sin verte influida por hombres pasados o presentes, es una de las cosas más importantes que harás en tu vida. Afróntala como tal.

Paso 2. El proceso de descubrimiento

¡Ha llegado la hora de poner en marcha los motores de la intención! ¿Primer paso? Dejar claro por qué quieres tener pareja. Hay múltiples opciones a nuestra disposición: estar sola, salir con hombres, verse de vez en cuando, echar un polvo, tener una relación a largo plazo, casarse… ¿No deberíamos tener clarísimo qué es lo que queremos y por qué? Recuerda que las intenciones exigen concentración.

En cuanto hayas despejado tus dudas a ese respecto, serás libre de adentrarte en el terreno de la imaginación para crear tus Cuatro Esencias. Sin límites ni referencia alguna a un hombre existente, empezarás por imaginar cómo es ese hombre en el núcleo de su ser. Y no olvides que, aunque actualmente tengas pareja, te has embarcado en esta aventura como si en realidad no la tuvieras. Antes de ponerte a escribir, es imprescindible que te sumerjas sin reservas en la esencia de ese ser especial, que visualices su espíritu, su corazón y su alma. Para que una intención se materialice, además de concentrarnos, es necesario que vibremos con la energía de lo que deseamos atraer. Es decir, que sientas cómo es ese hombre con cada átomo de tu ser.

¿Por qué quiero un hombre?

En realidad es tan sencillo como responder a dos tandas de preguntas. Puede ser, no obstante, muy complicado dependiendo de si estás dispuesta o no a ser sincera. Teniendo en cuenta que en capítulos anteriores ya hemos explicado por extenso por qué es imprescindible ser sincera con una misma, vamos a dar por sentado que no te planteará problemas decir la verdad. Dicho de otra manera: debes responder a este cuestionario con integridad, teniendo siempre presente que no *necesitas* tener pareja. Que quieras una es distinto. Necesitarla equivale a desesperación. Quererla es sinónimo de empoderamiento.

1. ¿Qué es lo que buscas en una relación de pareja? ¿Quieres salir con un hombre o con muchos? ¿Quieres una relación seria o a corto plazo? ¿Buscas a un hombre con el que puedas casarte al cabo de un tiempo, o deseas un compañero a largo plazo con el que poder vivir sin más? O puede que quieras un tío con el que estar durante años, pero en casas separadas. ¿Quieres una pareja con la que tener hijos y significa eso que primero tendríais que casaros?

2. ¿Por qué quieres un _____ [rellena el espacio en blanco según tu respuesta al cuestionario de más arriba]? Puede que parezca una pregunta tonta, pero no lo es. Márcate como reto revisar atentamente y en profundidad tus motivaciones para desear ese tipo concreto de relación. Pregúntate: «¿Por qué no me interesa otra clase de relación, otro grado de compromiso, etcétera?» ¿Por qué creo que ese tipo de vínculo me proporcionará lo que estoy buscando? ¿Cuá-

les son mis motivaciones saludables? ¿Tengo alguna motivación malsana: por ejemplo, el miedo, el sentido de obligación, las ilusiones o un deseo de conseguir cosas externas que no creo poder conseguir por mí misma?

En cuanto hayas respondido a este cuestionario y te hayas concentrado firmemente estarás lista para pasar a la siguiente fase del proceso de descubrimiento: imaginar y sentir cómo es ese hombre en el fondo de su ser.

Sentir la energía: utiliza tu imaginación

La imaginación exige que nos desprendamos de la lógica y nos abramos a la posibilidad de sentir libremente. Es posible que para ti sea de lo más natural hacerlo, o puede que te cueste prescindir de los argumentos racionales y el escepticismo. Lo único que te pido es que des una oportunidad a la siguiente visualización y que confíes en que te permitirá ahondar más en ti misma, hasta ese lugar donde residen todas las respuestas. Date permiso para dejar la lógica al margen unos minutos y déjate guiar por tu espíritu y tu imaginación. Más tarde volveremos a los aspectos prácticos de esta aventura.

Para empezar, busca un sitio tranquilo en el que no vayan a molestarte ni a distraerte otras personas, aparatos electrónicos o cualquier otra cosa que pueda captar tu atención. Escoge un lugar donde puedas estar contigo misma: con tu corazón, tus pensamientos y tus sueños. Un sitio en el que puedas respirar sin dificultad y viajar hacia tu interior sin preocuparte del mundo de fuera. Se trata de hacer un viaje hacia dentro, hacia ese lugar donde habitan todas las respuestas, los deseos y las posibilidades y donde residen también, por tanto, tus Cuatro Esencias.

Ponte cómoda. No hace falta que cojas aún papel y lápiz. Lo único que necesitas es este momento para conectar contigo misma. Siente tu cuerpo, escucha tu respiración, sumérgete en tus sentidos, cobra absoluta conciencia de ti en este instante. Cierra los ojos y visualiza una lluvia plateada, suave y cálida, que cae suave y constantemente desde tu coronilla, se desliza por tu frente y tu cara y resbala por tu cuerpo hasta los dedos de tus pies. Imagina que esa lluvia plateada se lleva todas las preocupaciones cotidianas y todas las ansiedades relativas a la búsqueda de la pareja que deseas. Deja fluir esa agua sedante y maravillosa. Cuando sientas que estás absolutamente presente en ese instante, exhala un gran suspiro y siente la esencia de la conexión. Contémplate como lo que eres: un espíritu único, bello y esplendoroso, feliz y sonriente, que se siente absolutamente pleno y cuidado dentro de sí mismo.

Ahora imagínate entregándote a ti misma un regalo gigantesco, envuelto y atado con un magnífico lazo de brillantes colores. Ese regalo es el permiso para imaginar y la libertad para explorar todas las posibilidades que se te abren para crear la vida que deseas, para conseguir la pareja que quieres y para llegar a ser como de verdad quieres ser. Créete que lo mereces. Créete que puedes tenerlo. Sueña con lo que más deseas, más que cualquier otra cosa: cualidades, sentimientos y experiencias en la vida en general y en una relación de pareja capaz de hacerte sonreír y de reconfortar tu espíritu. Por último, recuerda que este viaje es *tuyo*, que no vas a hacerlo con tu actual pareja, ni con ninguna anterior. Vas a hacerlo sola.

A continuación, imagínate a una persona anónima, a un hombre al que todavía no conoces en su forma física, pero al que, en el fondo de tu corazón, conoces íntimamente. Alguien con quien te sientes conectada. Es el hombre en el que se concretarán en algún momento tus Cuatro Esencias.

Empieza la visualización cerrando los ojos otra vez, respira hondo y déjate guiar por tus sentidos en el siguiente proceso:

Mírate a ti misma...
Mírale a él...
Huélete...
Huélele...
Escúchate...
Escúchale...
Siéntete...
Siéntele...

Permítete a ti misma sentirte por completo y sentirlo a él. Sigue adelante, embárcate en un viaje en el que debes desvelar cómo es esa persona: contigo, sin ti y dentro del mundo. Sumérgete en la energía que sientes e imagina las siguientes circunstancias:

TÚ CON ESE HOMBRE. ¿Qué aspecto tienes? ¿Cómo te sientes? ¿Tranquila? ¿Apasionada? ¿Juguetona? ¿Te notas distinta? ¿Cómo enriquece tu vida la presencia de ese hombre? ¿Te estás expandiendo o contrayendo? ¿Cómo te comportas cuando estás con él? ¿Cuál es tu actitud? ¿Relajada? ¿Despreocupada? ¿Seria? Observa cómo te perciben los demás cuando estás con él. ¿Qué dicen tus amigos sobre la influencia que ejerce sobre ti esa relación? ¿Hasta qué punto mantienes tu sentido del propio yo cuando estás con él? ¿Qué tiene de especial estar con ese hombre para que el corazón y el espíritu se te llenen de alegría?

Tú y ÉL JUNTOS, EN EL MUNDO. Imagínate a los dos como pareja en distintas situaciones de socialización. ¿Cómo interactúa él con otros? Fíjate en cómo interactúa *contigo* cuando estáis con otras personas. Observa cómo os perciben los demás como pareja. Fíjate en cómo te toca, en cómo te habla y te escucha en público. ¿Qué es lo más importante para ti? ¿Qué te haría sonreír de oreja a oreja? ¿Cómo te sientes siendo tratada así?

Tú y ÉL JUNTOS EN LA INTIMIDAD. Escucha vuestras conversaciones. Visualiza vuestras interacciones cotidianas. Fíjate en los matices de sus reacciones cuando está contigo. ¿Cómo respondes tú? ¿Cómo te sientes cuando estás a su lado? ¿Cómo es el tiempo que pasáis a solas? ¿Cómo es él cuando conectáis, íntimamente o de otro modo? ¿Cómo se comunica? ¿De qué manera conecta contigo físicamente? ¿Y emocionalmente? ¿Y mentalmente? ¿Y espiritualmente? ¿Cómo reacciona ante las dificultades? ¿Cuándo se ríe? ¿Cuándo se pone tierno? ¿Cómo te apoya cuando se tuercen las cosas? Visualiza el núcleo mismo de su ser.

ÉL EN EL MUNDO SIN TI, SIENDO ÉL MISMO. Fíjate en qué aspecto ofrece a los demás. Escucha lo que dice la gente de él. Observa cómo reacciona la gente cuando está con él. Estudia con qué tipo de gente prefiere pasar el tiempo. ¿Quiénes son esas personas? Escucha lo que dice de los demás. Observa cómo trata al mundo y a todos los seres vivos que viven en él. Siente cómo es cuando está solo. Deduce si puede mostrar su verdadero yo ante el mundo y si es fiel a sí mismo en un entorno social.

Él completamente a solas. ¿Qué le gusta hacer cuando está solo? ¿Se conoce a sí mismo? ¿Se gusta? ¿Qué le encanta de sí mismo? ¿Qué le apasiona hacer? ¿Qué es lo más importante para él? ¿Qué clase de vida quiere llevar? ¿Cómo define el éxito? ¿Quiere mejorar su vida? ¿Qué significa eso para él? Visualízale sentado en completo silencio y siente su presencia. ¿Qué percibes? ¿Cómo es en realidad por dentro? ¿Está dispuesto a mostrar su verdadero yo ante los demás?

Ahora haz una parada para asimilar todo esto, para imaginar y percibir por completo lo que deseas crear. Acoge con los brazos abiertos, de todo corazón, la energía que has evocado durante la visualización. Es la esencia de cómo es ese hombre cuando está contigo, y cuando está sin ti, a solas con su alma. Ambas cosas son importantes. Haz casi palpable lo que has visto, olido, oído, saboreado y sentido. Lo que dota de poder a tus Cuatro Esencias es la energía, no las simples palabras. Si necesitas un poco de ayuda extra para esta visualización, puedes descargarte una grabación de audio en www.mebeforewe.com. A veces supone una gran diferencia oír algo en vez de leerlo.

Paso 3. Crear tus Cuatro Esencias

Ha llegado la hora de entrar en acción, ahora que todavía tienes muy presente la energía que acabas de generar a través de esta visualización. Se trata de cinco etapas que te conducirán a la creación de tus Cuatro Esencias. Estas etapas son: Reflexión; Flujo libre; Reducción; Expresión; y Prueba, Revisión y Decisión. Darse prisa no tiene premio. Piensa en la creación de tus Cuatro Esencias como en un proceso de desvelamiento. El cuidado que pongas en el proceso condiciona de manera directa el producto final, igual que sucede con un buen vino añejo o con una comida exquisita servida en varios platos, cada uno de los cuales prepara la llegada del siguiente. No trates tus Cuatro Esencias como si fueran un restaurante de comida rápida en el que pides por la ventanilla del coche.

Reflexión

Antes de coger lápiz y papel, vuelve a pensar en todo lo que has experimentado durante la visualización: lo que has visto, pensado y sentido cuando te imaginabas a ese hombre.

- ¿Qué clase de persona es? ¿Cuáles son sus convicciones? ¿Qué es lo que más le importa? ¿Qué le hace especial? ¿Cómo se trata a sí mismo? ¿Cómo vive? ¿Cómo es en el fondo de su ser?
- ¿Cómo es como pareja? ¿Cómo se relaciona contigo? ¿Y con los demás?
- ¿Cómo eras tú dentro de la pareja? ¿Qué has sentido estando con él? ¿Cómo enriquecía tu vida ese hombre en concreto? ¿Por qué es tan buen compañero para ti?

Flujo libre

Ahora coge lápiz y papel. Anota todo lo que has visto, sentido, oído, tocado y olido al visualizar a ese hombre. Contesta a la pregunta: «¿Qué quiero manifestar en una pareja?» Recuerda que esto es el Flujo Libre de las Cuatro Esencias, lo que significa escribir sin reservas, abriendo las compuertas a todo lo que venga. No te pares a juzgarlo. Quizá descubras que dejar que salga todo a borbotones es coser y cantar, o puede que necesites darte un empujoncito para soltarte, para dejar de preocuparte por si has dado la respuesta correcta o si vas a llegar a las Cuatro Esencias enseguida. Más tarde tendrás tiempo de analizar. Ahora tu única meta es expresar libremente todas las cualidades, experiencias, pensamientos y sueños que afloren. ¡Nada de correcciones! Deja que fluyan.

Reducción

Coge los resultados del Flujo Libre y examina todas las palabras e imágenes plasmadas en el papel, de principio a fin. Haz esto un par de veces. Empieza a fijarte en las que más eco producen en ti y rodéalas con un círculo. Observa qué pautas recurrentes o qué similitudes hay entre las que has subrayado. Señala las conexiones trazando líneas entre ellas o coloreándolas del mismo color, o bien haciendo cualquier otra marca para distinguirlas. Ésos son tus «temas».

Coge otra hoja de papel y anota todos los temas que veas, empleando para ello todas las palabras que creas necesarias. La meta no es reducir cada tema a una sola palabra, sino plasmar una serie de esencias, lo que exige descripciones, es decir, palabras múltiples, frases, etcétera. Piensa en ello como en pintar un cuadro o contar una historia: ambas cosas suscitan emociones y energía en los demás. Tus Cuatro Esencias tendrán que hacer lo mismo.

Cuando hayas anotado todos tus temas, asigna un número a cada uno. Si te salen más de cuatro, no importa, aunque está bien marcarse el objetivo de reducir la lista a entre seis y ocho, para empezar. Si te salen menos de cuatro, seguramente es porque no estás pintando un cuadro lo bastante vívido. ¡Deja de pensar tanto y permite que tus sentimientos dicten lo que escribas! Mantén el espíritu aventurero y deja fluir la energía. Si te salen cuatro, genial. Pero, salga lo que salga, asegúrate de que tus temas tienen suficiente sustancia para pasar a la fase siguiente: la expresión.

Expresión

Vuelve a leer cada uno de tus temas marcándote como reto sentir de verdad la energía de la persona a la que atraerían esas palabras. El siguiente paso es dar a cada tema un encabezamiento que encapsule la energía y la realidad que quieres evocar. Dicho encabezamiento será el enunciado que utilices en tus Cuatro Esencias. Pregúntate: «¿Qué es lo que de verdad me importa de eso? ¿Qué energía quiero generar? ¿Qué dicen estas palabras de la esencia de ese hombre?» No tiene por qué salirte a la perfección al primer intento. Tienes tiempo de probar y de hacer correcciones, pero haz todo lo posible por llegar al fondo de tu intención.

He aquí un ejemplo de una de mis Cuatro Esencias y de los temas de los que surgió: «Un hombre que cante a pleno pulmón cuánto me ama». Temas: «Un compañero que me ve por entero y me quiere tal y como soy, completamente. Me da montones de afecto físico y me encuentra absolutamente maravillosa: el no va más. No le da miedo mostrar en público sus emociones y su amor por mí y por la vida». Fíjate en que no escogí expresiones como «afectuoso» o «un hombre que me aprecie». Puse alma y colorido en las palabras que elegí. La descripción «Un hombre que cante a pleno pulmón cuánto me ama» dice muchísimas cosas sobre el hombre que he elegido. Dice que es afectuoso, atento, expresivo y agradecido, y que me ve tal como soy. Una sola palabra, en cambio, no trasladaba el espíritu de lo que de verdad quería manifestar. Tuve que pintar un cuadro y crear la energía que quería que entrara en mi vida materializada en forma de hombre. Tú tienes que hacer lo mismo. Y, por cierto, mi chico canta, literalmente, con su voz grave y melodiosa (desde la acera, desde el autobús y hasta por la ventanilla del coche): «¡Amo a Christine!»

Permíteme ofrecerte algunos consejos útiles para desarrollar impresiones acerca de la esencia de tu pareja y plasmarlas en palabras. Ten cuidado con las intenciones superficiales. Aunque puedes empezar por un nivel superficial, no te detengas ahí. Intima gradualmente con ese hombre y con sus verdaderos deseos. Por ejemplo, uno de tus cuatro temas puede ser: «Quiero un hombre al que se le den bien los niños». Ésta es una intención superficial. Querer hijos puede ser un síntoma de las cualidades internas de un hombre, y quizá sea vital para ti, pero en último término es algo que escapa a tu control y que no basta para crear una relación satisfactoria. Ahonda un poco más en la persona a la que vas a atraer. ¿Buscas a un hombre que sea cariñoso? ¿Cuidadoso? ¿Que en el fondo sea un niño? ¿Que sea juguetón? ¿Atento? Sean cuales sean las cualidades que buscas, existirán con independencia de que tengáis hijos o no. Aclárate sobre cómo es *él*. Y recuerda que las Cuatro Esencias siempre funcionan mejor cuando señalan las cualidades intrínsecas de una persona, las que duran toda la vida, no las que pueden comprarse o adquirirse. Éstas últimas dan como resultado un contrato. Las otras, una verdadera relación de pareja.

Presta especial atención a cómo redactas. Es importante. Yo tuve que reformular una de mis Cuatro Esencias: al principio escribí «una persona dispuesta a crecer y a experimentar la vida plenamente» y tuve que cambiarlo por «una persona que crece y experimenta la vida plenamente». Cuando llevábamos cuatro años de relación, noté que había facetas de la vida en las que Noah quería crecer, pero en las que apenas progresaba. Estaba siempre *dispuesto* a crecer, pero no conseguía llevarlo a cabo. Así que cambié el enunciado. No quiero decir con ello que sea el único motivo, pero, lo creas o no, cambió y empezó a crecer en esas áreas. ¡El poder de la intención en pleno funcionamiento!

Al final, deberías tener cuatro enunciados básicos (o más, si todavía estás reflexionando) que reflejen cómo es ese hombre. Cuatro (o más) frases que te conmuevan y que puedas explicar con claridad y concisión a cualquier persona dispuesta a escucharlas. Si has reducido tu lista a cuatro puntos, consulta con tu intuición. Si ella está absolutamente segura de que esos cuatro puntos, tal y como los has redactado, son tus mejores Cuatro Esencias, pasa a la siguiente fase. Si no estás del todo segura de que sean los más correctos, o si sigues barajando más de cuatro, pasa a la siguiente fase y pruébalos un tiempo, hasta que te decidas.

Prueba, revisa y decide

Este paso puede llevarte un par de horas o varias semanas. Tardes lo que tardes, date tiempo y promete acabar lo que has empezado (es decir, escoger tus Cuatro Esencias y asumirlas como un compromiso contigo misma). Coge la hoja de papel con tus cuatro enunciados básicos y ponla en un lugar donde puedas verla a diario. Pregúntate: «¿Cómo sería mi vida si este hombre fuera mi pareja, cotidianamente y con el paso del tiempo? ¿Qué es lo que más me importa de estas cualidades y qué no?» No te pongas a analizarlas como una loca: procura mantenerte fuera de tu cabeza y entrar en tu corazón. Mira la hoja cada máñana, cada noche o cuando quieras y formúlate esas dos preguntas.

Ve revisando tus enunciados básicos, añadiendo y quitando. Y cuando por fin *sientas* que las tienes, que tus Cuatro Esencias se amoldan perfectamente a ti, coge una hoja de papel en blanco y ponte manos a la obra: decídete. Escribe tus Cuatro Esencias con la convicción de que son la mejor expresión de la esencia de tu chico.

Paso 4. Comprometerte

No pasará nada hasta que le digas al universo: «¡Sí, éstas son mis cuatro! ¡Estoy lista para manifestar!» Ni la energía ni la concentración te servirán de nada si no actúas. Es hora de que des el siguiente paso fundamental: asumir un compromiso. Comprometerte contigo misma es como proclamar ante el universo: «¡Sí, éste es el compañero al que quiero atraer! Estoy dispuesta a abrirle las puertas de mi vida a esta persona». Da igual que actualmente tengas pareja. Esta declaración pone en marcha los engranajes para crear la relación que de verdad *deseas*.

Comprometerse es una decisión personal. Escribe tus Cuatro Esencias definitivas en un cuaderno o en una nota adhesiva, haz un *collage*, recítaselas a tu mascota o manda un e-mail colectivo a todas tus amigas.

Proclama verbalmente tus preferencias: «Quiero atraer a un compañero que...» Recítalas en silencio, para ti misma, una y otra vez, como un mantra. Una amiga mía hizo un acrónimo con las suyas, *PILL* [«píldora»], y lo recitaba todos los días mientras hacía abdominales. Elige lo que más te convenga. Otra amiga las anotó y metió la hoja de papel en un libro que tenía en la mesilla de noche. En aquel momento no tenía pareja. Seis meses después conoció a su futuro marido. Cuando estaba preparándose para irse a vivir con él, encontró el libro con la hojita dentro. Hacía dos años que conocía a su novio, y se había olvidado de ellas. Se quedó boquiabierta cuando leyó sus Cuatro Esencias y descubrió que su futuro marido las cumplía todas. Hoy en día están felizmente casados y, lo que es más importante, tienen una relación maravillosa.

Es necesario que te comprometas activamente, pero el vehículo concreto que elijas para hacerlo es menos importante que la energía que vuelcas en tu compromiso. Para trasladar tus intenciones al universo con la energía necesaria, debes comprometerte con el corazón y el espíritu y sentir tus Cuatro Esencias en todas las células de tu ser. Tus palabras deben irradiar vitalidad, intensidad y pasión. Comprométete con convicción, siendo consciente de que te mereces de verdad, honestamente, encontrar a tu compañero ideal.

Escoge tus Cuatro Esencias y cíñete a ellas. Luego, mientras sigues sanando, creciendo y aprendiendo más sobre ti misma, revísalas. Recuerda que no son inamovibles, pero que sólo debes cambiarlas cuando de verdad lo necesites. Piénsalo despacio. Por encima de todo, mantén tu compromiso contigo misma. Mereces encontrar lo que buscas en una pareja, así que no te conformes con menos. No te pliegues, ni cambies tus Cuatro Esencias para que encajen con un hombre determinado. Estar sola es mejor que lamentar haberte conformado con algo mediocre.

TERCERA *Parte*

NOSOTROS

CAPÍTULO  *Siete*

Aprender sobre el NOSOTROS

CUATRO ATAJOS PARA CREAR RELACIONES DE COMPLICIDAD AUTÉNTICAS EN VEZ DE RELACIONES NOCIVAS

*B*ienvenida a la última parte de nuestra aventura. En los dos próximos capítulos vamos a centrar nuestra atención en el NOSOTROS. Fíjate en que nuestro propósito ha sido escoger el YO *antes que el* NOSOTROS, no *en lugar del* NOSOTROS. Ello se debe a que las relaciones de pareja pueden ser una faceta fantástica de nuestras vidas, siempre y cuando recordemos que no es requisito imprescindible tener una: se trata de una elección. En mi opinión, para elegir bien siempre hay que estar informada, pero esa información podemos obtenerla de la intuición, de la sabiduría de otra persona o de la propia experiencia. Los capítulos anteriores te han informado sobre el YO y el ÉL. Como guía de este viaje, estaría faltando a mi deber si no te diera la oportunidad de aprender algo más sobre el NOSOTROS. A veces la gente no sabe qué le falta, o qué es posible tener, hasta que alguien le señala el camino. Yo siempre he sabido que quería algo más en mis relaciones de pareja, pero hubo un tiempo en que no sabía exactamente qué era ese «algo más». Cuando no se puede expresar con claridad lo que se quiere, resulta muchísimo más difícil crearlo.

Vamos a explorar algunas de las cosas que son posibles en una relación de pareja, más allá de lo que puedas haber creado en el pasado. Creo que hay dos cosas que la mayoría de las mujeres buscamos en una relación: intimidad y complicidad. Son muy pocas, sin embargo, quienes las consiguen. Las que acabamos teniendo relaciones satisfactorias basadas en una auténtica relación de complicidad y de intimidad recíproca llegamos a ese estado únicamente después de mucho ensayo y error (y normalmente de muchos batacazos). Confío en poder brindarte ideas, preguntas e historias que den forma para siempre a tus preferencias en este sentido. Las he resumido en cuatro «atajos». Son atajos porque, si los tomas, te evitarás un montón de sufrimiento innecesario y de tiempo perdido. También aumentarán tus probabilidades de crear lo que de verdad quieres, en vez de tener que reaccionar sin más a las circunstancias que se te presentan. Y, naturalmente, todas empiezan por MÍ misma.

La cuestión que planteo a continuación gira en torno al hecho de formar parte de una pareja, pero sus puntos son aplicables a cualquier situación sentimental en la que te encuentres. La información que ofrezco te ayudará a decidir qué quieres y en qué punto estás en cualquier etapa de tu vida. Así que, si estás sola, puedes consultar contigo misma y ver cuáles son tus convicciones a día de hoy, o puedes utilizar una relación anterior, o más de una, como materia para tus reflexiones. Si tienes pareja, utiliza a tu pareja actual o a otras anteriores para observar la realidad tal y como se presenta actualmente, así como los patrones recurrentes que has venido siguiendo. Sea cual sea tu situación, ten siempre presente esta pregunta mientras estudias los atajos: «¿Cómo han influido las ideas que se plantean en este atajo en mis relaciones pasadas o en la actual?» Compara las recomendaciones del atajo con tus convicciones e ideales y pregúntate: «¿Cuál es la verdad en MI caso?»

Primer atajo: evita la atracción malsana y elige la complicidad auténtica

Todas sabemos de alguna mujer que conoce a un hombre, se enamora de él al instante, se deja llevar por el entusiasmo y empieza a hablar de «vivir juntos», de que son «tal para cual» o de que lo suyo es «para siempre», sólo para acabar con el corazón destrozado pocos meses después. A nosotras no nos sorprende. Sabíamos desde el principio que era inevitable, o al menos muy probable, que la cosa acabara mal. Como somos buenas amigas, hicimos intento de salvarla, de advertirle lo que iba a ocurrir. Puede incluso que intentáramos decirle que no habían tenido tiempo suficiente para conocerse bien, y mucho menos para afirmar que eran almas gemelas. Sí, estaban locos el uno por el otro y había mucha química, pero nosotras sabíamos (o deducíamos) que esa relación, alimentada por una atracción insostenible y quizá malsana, estaba condenada al fracaso. Por desgracia, es duro despertar de su sueño a una amiga enamorada antes de que se le rompa el corazón, pero, si no lo conseguimos, quizá no sea porque no nos hayamos esforzado lo suficiente: cuando una mujer se enamora locamente, lo último que quiere es que alguien intente sacarle los pies de los zapatitos de cristal de su fantasía y calzarle los zapatos de la realidad.

Nos decimos a nosotras mismas que, si estuviéramos en la misma situación, haríamos caso de las advertencias de nuestras amigas. Pero seamos francas: todas hemos tenido alguna atracción malsana o alguna relación superficial, aunque en nuestro caso no pueden catalogarse como tórridos romances. Y supongo que, si lo único que quisiéramos de una relación fuera sexo, cena y conversación estimulante, podríamos mantener vivas durante años nuestras ilusiones acerca de estas relaciones tóxicas, sin sufrir por ello consecuencias graves. Pero aunque el sexo lúdico, la buena comida y la buena conversación pueden ser muy gratificantes, no es eso lo que buscamos la mayoría de las mujeres.

Lo sepamos o no, en lo tocante a las relaciones de pareja la mayoría de nosotras desea, incluso anhela, una *complicidad auténtica*. Y aunque es más fácil experimentar esa intimidad que definirla, puedo ofrecerte una acepción muy sencilla sacada del diccionario de mi vida:

> Complicidad auténtica: conexión dinámica y vitalista basada en la intimidad, el respeto, la confianza, la lealtad, el amor incondicional y la amistad.

Es auténtica porque tanto la relación en sí como las dos personas que la forman son auténticas: se toman muy en serio a sí mismas y a la relación. Y es complicidad porque es bidireccional: ambas personas se apoyan en la relación y en el otro, una y otra vez, mano a mano. Es vitalista porque enriquece la vida de los dos miembros de la pareja y porque proporciona energía a ambos, en lugar de restársela. Es dinámica porque está siempre en crecimiento y en constante evolución, igual que las dos personas que lo constituyen.

A mi modo de ver, si nos interesa unirnos a un Él para formar un NOSOTROS (ya sea con un novio, un marido o un compañero), no hay ningún motivo válido para conformarse con algo que no sea una auténtica relación de complicidad. No *necesitamos* una pareja, pero si queremos tenerla, ¿por qué no elegir una auténtica? Las mujeres podemos forjarnos una vida fantástica y plena nosotras solas. Puede irnos muy bien sin pareja, contando con nuestros amigos y nuestra familia para encontrar apoyo y cuidados, y con nosotras mismas para crear las vidas con las que soñamos. Si *elegimos* formar parte de una relación de pareja con un hombre es por algo: porque deseamos un vínculo íntimo, un compañero, una persona con la que reír y llorar y con la que crecer, un auténtico cómplice decidido a compartir nuestra vida, alguien que vea las partes más profundas de nuestra alma y cuya presencia nos anime a dar lo mejor de nosotras. Puede que sea algo natural en los seres humanos ansiar esta conexión, pero si buscamos algo más que sexo tórrido o un amigo con el que hablar de libros, tenemos la obligación para con nosotras mismas de no aceptar lo que no sea verdadera complicidad, para lo cual debe darse una atracción *sana*.

La atracción (física, emocional, intelectual y espiritual) es muy, muy importante. Ninguna mujer quiere salir con un tío que la haga bostezar o la mate de aburrimiento, pero la atracción debe ser sana para que se genere una relación de pareja fantástica, o incluso sólo pasable. Y el único modo de determinar si la atracción que sientes es saludable es ser completamente sincera respecto a qué es lo que inspira ese vínculo.

Como es lógico, ninguna mujer quiere ponerse a dar brincos y a gritar: «¡Eh, mirad! ¡Me muero por dejar al descubierto los fallos de mi relación!», pero si no somos sinceras respecto a la naturaleza saludable o no de la atracción que sentimos, nos arriesgamos a perder lo más importante de todo: a nosotras mismas.

Uno de los motivos por los que a menudo confundimos una atracción insana con el vínculo saludable que se da en las relaciones de verdadera complicidad es que la mayoría de nosotras nunca se ha parado a pensar en ello. ¿Cuándo fue la última vez que te sentaste a tomar una taza de té y te dijiste: «Creo que hoy voy a definir lo que significa para mí la verdadera complicidad»? Incluso aquellas que han reflexionado sobre el origen de su conexión con un hombre con frecuencia no son sinceras respecto a si su atracción es sana o no lo es. Así pues, por ignorancia, por ceguera o por cerrazón, acabamos viviendo atenazadas por una atracción dañina, sintiendo que nos falta algo o que algo va mal, y desprovistas de las palabras adecuadas para expresar qué es ese algo. Si tenemos suerte, después de mucho dolor y sufrimiento causados por las veces en que nos hemos dejado llevar por una atracción dañina, nos liberamos por fin y descubrimos nuestro anhelo de verdadera complicidad.

He conocido a un sinfín de mujeres inteligentes y triunfadoras que han perdido la cabeza, y a sí mismas, por culpa de una atracción dañina. He visto a muchas mujeres sabias con un hombre tan profundamente enquistado en sus heridas que confunden los sentimientos resultantes con la auténtica complicidad que anhelan. Puede que para algunas esa atracción perjudicial sea tan fabulosa porque va acompañada de un billete de primera clase hacia el ascenso social y la seguridad económica, lo que tapona agujeros que proceden de la falta de autoestima o el miedo a las privaciones. O puede que el hombre en cuestión les permita, aparentemente, ser la niña traviesa que siempre han soñado ser y que no fueron porque sus padres no se lo permitieron, lo que rellena agujeros ocasionados por el sentimiento de inadecuación dentro de la propia familia. Al margen de cuál sea nuestra historia concreta y de cuáles sean nuestras heridas correspondientes, cuando nos hallamos en las garras de una atracción dañina estamos tan ofuscadas por nuestros sentimientos que no vemos la verdad. Debemos conocer de antemano las señales de advertencia. Grábate en la memoria las que expongo a continuación y recurre a ellas en el futuro.

Señales de advertencia de una atracción malsana

Adicción al taponamiento de agujeros. No hay duda de que son nuestras emociones, nuestras hormonas y nuestras heridas emocionales las que manejan el cotarro en este caso. Los sentimientos que se agitan dentro de nuestro cuerpo y nuestra psique son tan intensos que parece imposible controlar nuestros actos o dejar de tomar decisiones destructivas. Convencidas de que determinado hombre es el amor de nuestras vidas, experimentamos la relación como si fuera una droga, y nos convertimos en yonquis. El hombre en cuestión se convierte en el remedio para nuestras necesidades externas y en el único relleno para nuestros agujeros abiertos, y cuanto más grandes son nuestros agujeros emocionales, más intensamente nos sentimos atraídas por ese hombre y apegadas a él. La conexión física suele ser innegable, como una fuerza gravitatoria que no podemos dominar. Y nuestras fantasías sentimentales e intelectuales se desbordan, razón por la cual muchísimas mujeres confunden esas relaciones malsanas con auténticas relaciones de complicidad. Pero, a diferencia de las relaciones sanas, que nos sirven de apoyo y nos dan alas para ser nosotras mismas en plenitud, los vínculos nocivos conducen a depresiones extenuantes y devastadoras. Aunque a veces la experiencia pueda ser agradable, con excesiva frecuencia acabamos sintiéndonos descontentas, tristes y vacías, y con nuestras necesidades y deseos insatisfechos. El ciclo es siempre el mismo: cedemos a esa intensa atracción, caemos en ella de lleno, disfrutamos de los momentos álgidos, caemos en el abismo de la desesperación y vuelta a empezar. Y aunque a veces pueda ser maravilloso estar abrazada al otro, utilizarle para evitar curar nuestras heridas no es saludable.

BOLAS DE ALGODÓN EN LOS OÍDOS. Ese hombre en cuestión es nuestra «alma gemela», de ahí que declaremos con vehemencia ante nuestros allegados: «Es el amor de mi vida, ¡no me importa lo que digáis! Si de verdad me quisierais, os alegraríais por mí. Vosotros no lo entendéis». Convencidas de que sabemos lo que pasa de verdad aunque nuestros amigos y familiares piensen lo contrario, nos negamos a escuchar lo que dicen los demás. La relación no es perfecta, claro (él tiene novia, miente, tiene un problema con las drogas o no piensa comprometerse en un futuro inmediato), pero, como hay mucha química entre nosotros o alguna otra conexión «especial», nos persuadimos de que el resto del mundo no sabe lo que dice. Cuando estamos en este estado, lo que la mayoría de nosotras necesita es que le echen un cubo de agua fría en la cara para despertar de una vez. Si nuestros amigos y nuestra familia gritan «¡Para!» y no les hacemos caso, es casi seguro que nuestra relación es una influencia negativa.

El tren del amor loco. Se nos llena la cabeza de ideas como: «¿Qué más da que haga sólo tres semanas que nos conocemos? Me ha dicho que me quiere, y yo le quiero a él». Creemos sin sombra de duda que estamos enamoradas. Nuestros sentimientos son sin duda potentes, y el sexo es estupendo, así que ¿cómo no va a ser amor? ¡Ojo! Cuando a las pocas semanas de iniciar una relación empezamos a hacernos preguntas como: «¿Qué tal sonaría mi nombre con su apellido?», «¿Cómo llamaremos a nuestros hijos?» o «¿Dónde vamos a vivir?», es porque acabamos de entrar en el País de la Fantasía. Aunque el hombre en cuestión nos siga la corriente, y aunque estemos predestinados a ser compañeros de por vida, ese tipo de preguntas no tiene cabida al inicio de una relación. Es incuestionable que no podemos estar enamoradas de alguien a quien en realidad no conocemos. Sentirnos intensamente atraídas por esa persona sí, desde luego, pero enamoradas no. El amor y la verdadera complicidad requieren su tiempo.

Antídotos contra la atracción malsana

Si bien la atracción malsana puede ser fantástica, liberadora y hasta revitalizadora en ocasiones, al final estos sentimientos de euforia no se sostienen. Pueden, sin embargo, mantenernos atrapadas en una relación durante años, impidiéndonos encontrar el tipo de pareja que de verdad deseamos. Por suerte para nosotras, hay antídotos potentísimos contra el síndrome de la atracción malsana, pero todos ellos pasan por ser fieles a nosotras mismas, y hay que reconocer que a veces es muy difícil serlo aunque nos lo hayamos propuesto.

Una de las maneras más eficaces de desprendernos de ese espejismo dañino es pararse e interrogarse a una misma. Ello nos obliga automáticamente, al margen de que tengamos pareja o no, a desviar nuestra atención del ÉL y el NOSOTROS y a centrarla de lleno en el YO. Y, como ya sabemos, el único modo de crear lo que queremos es ser sinceras con nosotras mismas, aunque no sea fácil. Así que, si formas parte de un NOSOTROS, y aunque las cosas vayan de maravilla, párate de vez en cuando a contestar las siguientes preguntas. Márcate como reto ser cien por cien sincera, incluso si (o especialmente si) no te gustan las respuestas.

ANTÍDOTO 1

¿Por qué quieres un ÉL y un NOSOTROS como parte de tu vida?

ANTÍDOTO 2

¿Qué clase de ÉL y de NOSOTROS tienes en la actualidad? ¿Encaja con lo que quieres?

ANTÍDOTO 3

Si encaja, genial. Si no, ¿qué mentiras te estás contando a ti misma para prolongar la relación? ¿De qué manera te estás acomodando a una situación insatisfactoria?

Toda mujer merece una complicidad de pareja dinámica y vitalista, pero muchas nos conformamos con menos y como resultado de ello acabamos teniendo una simple relación, no una verdadera complicidad. Permanecemos junto a hombres con los que conectamos o por los que nos sentimos atraídas, pero que no recorren con nosotras el camino de la vida como verdaderos compañeros de viaje: no nos apoyamos mutuamente, no nos enriquecemos con nuestra mutua experiencia ni nutrimos el espíritu y el corazón del otro. Cuando la relación supera la fase inicial de quedar para salir juntos y entra en la etapa, más seria, de la convivencia, son muchas las mujeres que se descubren afrontando solas las exigencias de la vida, a no ser que su relación sea de verdadera complicidad. Como somos capaces de hacerlo, seguimos adelante tenazmente intentando llevar sobre nuestros hombros toda la carga, dejamos nuestras necesidades siempre para el final y acabamos exhaustas. Yo también intenté cargarme con todo el peso aunque tenía pareja, y después de aquella experiencia llegué a la conclusión de que era demasiado costoso para mi alma. Da igual lo atraída que te sientas por un hombre: si es un peso muerto, una vasija vacía de emociones o un vertido tóxico en nuestro caudal energético, no hay sitio para él en nuestras vidas.

Comprendí mejor la decisión de conformarse con una atracción malsana al ver a mi querida amiga Jill cometer un error muy parecido al que cometí yo: era infeliz con un hombre por el que se sentía atraída y que nunca fue un verdadero compañero para su espíritu creativo, bello y vivaz.

La historia de Jill

Jill, una escritora maravillosa, con un sentido del humor desternillante y una deslumbrante cabellera roja, creció en un mundo de puestas de largo. Nadie, sin embargo, sospecharía al conocerla que proviene de un entorno privilegiado. Con su personalidad irresistible, es una de esas chicas con las que cualquiera podría hablar durante horas tomando un café. Salió con una serie de hombres interesantes hasta que, a los treinta años, apareció Mike.

Él la persiguió con ahínco, salieron varios meses, se fueron a vivir juntos, luego se casaron, se compraron una casa nueva y tuvieron dos hijos.

Cuando llevaban unos cuantos años casados y ella ya no podía seguir manteniendo el «feliz espejismo» de su relación, Jill me contó que, la noche en que conoció a Mike, una vocecilla interior prácticamente le gritó: «¡No salgas con este tío! Te traerá problemas. ¡Va a complicarte la vida!» Recordaba lo claramente que había oído aquella advertencia y decía haberla sentido en los huesos. Pero, como nos ocurre a muchas, prefirió hacer oídos sordos y dejar que su atracción por Mike se impusiera a su intuición. Él era abogado, gozaba de una excelente posición económica y tenía potencial para adquirir más dinero y más poder, dos cosas con las que Jill estaba acostumbrada por su origen familiar. Pero lo que a ella le interesaba más era la mezcla de sus aptitutes para triunfar y de su personalidad inconformista y rebelde. Mike no era el típico *yuppie*, ni un ejecutivo formal y modosito: era irreverente y, al igual que ella, no encajaba en el molde. Su inteligencia y su creatividad subyugaron a Jill, que vio en esas cualidades un complemento para su propio ingenio y sus aspiraciones de convertirse en novelista.

Hoy en día reconoce que Mike satisfizo su necesidad de prosperidad económica y estatus social, así como su deseo de tener una vida distinta a la típica de la clase alta a la que pertenecía desde su nacimiento. Quería llevar una vida interesante en una ciudad repleta de gente ecléctica, no ser la típica esposa de club de campo, pero al mismo tiempo quería gozar de una posición tan desahogada como la de las personas de su entorno inmediato. Hasta ahí, todo bien. Sin embargo, encajar en ambos mundos se convirtió en una obsesión malsana para ella. Su necesidad de conseguirlo procedía de los agujeros de su niñez que aún no había logrado curar. Utilizó el éxito y el inconformismo de Mike para taponar esos agujeros y eso le permitió vivir en ambos mundos sin tener que enfrentarse a sus propios traumas.

En el momento de su boda con Mike, no sabía nada del «relleno de agujeros», ni comprendía qué era lo que de verdad buscaba en un hombre. Lastrada por la falta de lucidez y por sus obsesiones malsanas, no se dio cuenta de que Mike no era el hombre que anhelaba su espíritu, que lo que de verdad quería era una persona que viera su alma, que la nutriera y la adorara y que apoyara sus aspiraciones creativas, una persona que estuviera dispuesta a edificar una vida con ella, *juntos*, es decir, un auténtico compañero.

Cuando llevaban unos años casados y después de una serie de abortos y de la muerte de tres de sus abuelos, Jill desconectó el piloto automático y comenzó a cobrar conciencia de sí misma. El éxito material que creía que la haría feliz se esfumó cuando Mike perdió su empleo y atravesó un bache profesional. Ella tuvo que convertirse en el motor principal para mantener a la familia a flote, y además dar a luz a las niñas, cuidar de ellas, mantener la casa organizada, llorar la pérdida de sus seres queridos e intentar gobernar su propia vida. Su sueño de escribir relatos y novelas comenzó a desvanecerse, al igual que cualquier indicio de que Mike pudiera convertirse en un verdadero compañero para ella. Cuando ya no pudo seguir ocultando su soledad, su desesperanza y su cansancio, se vio obligada a afrontar que, aunque quería a su marido, le faltaba algo.

Su fuerza vital se estaba marchitando. Su cabello pasó de un rojo lustroso a tener el color y la textura de la paja. Cansada, desanimada y embarcada en una maratón constante, descubrió que, por más que se esforzara, su vida seguía siendo un caos. Fue entonces cuando tuvo que encarar la verdad: había escogido un marido, no un compañero. Se había conformado con muy poco. Mike no apoyaba sus necesidades: daba menos de lo que recibía. Conocía íntimamente los resortes intelectuales y emocionales de Jill, claro, pero nunca llegó a ver su alma. Nunca fue el hombre con quien ella podía crear la vida que deseaba.

Entonces intentó que la relación funcionase, pero él sólo estaba dispuesto a hacer pequeños cambios y no a implicarse en el profundo trabajo personal que era necesario para conseguirlo. Ella siguió esforzándose sola, sanando y siendo cada vez más autoconsciente. Tras muchos intentos fallidos de cambiar a Mike y su matrimonio, pidió el divorcio. No fue una decisión fácil, sobre todo teniendo dos niñas pequeñas, pero sentía que ser una mujer que se quería a sí misma era uno de los ejemplos más importantes que podía dar a sus hijas.

Lo que más le sorprendió después de tomar la decisión de divorciarse fue que siguió sintiéndose atraída por él. Emocional e intelectualmente, todavía gravitaba hacia él de vez en cuando, a pesar de saber que su relación sólo le producía dolor y un sentimiento de soledad. A su debido tiempo comprendió que en realidad no le echaba de menos: sus sentimientos procedían de las heridas abiertas que él ya no podía rellenar. A medida que avanzaba en su proceso de curación, su atracción por Mike fue desvaneciéndose. No desapareció de la noche a la mañana, pero, al tomar las riendas de su propia vida, la verdad acerca de cómo había sido siempre su marido se impuso a cualquier ilusión de índole romántica.

Tenemos la obligación para con nosotras mismas de formularnos preguntas como: «¿Mi pareja y yo tenemos una relación profundamente *íntima* y no sólo *intensa*?», «¿De dónde surge nuestra atracción?», «¿Se basa nuestra relación en una atracción sana o dañina, en un sentido físico, emocional, intelectual y espiritual?» y «¿De verdad este vínculo es una relación de complicidad? ¿Se basa en la confianza, el respeto, la amistad y la reciprocidad?» Además, deberíamos ser capaces de responder a estas preguntas sinceramente.

❤ Reflexiones sobre MÍ ❤

Todas, en algún momento de nuestras vidas, debemos afrontar la verdad y contemplar nuestras relaciones de pareja con total franqueza, como hizo Jill. ¿Y tu historia? ¿Cuál es?

- ¿Qué quieres de verdad? ¿Una atracción malsana o una auténtica relación de complicidad y de atracción saludable? ¿O acaso quieres otra cosa?
- Piensa en todas tus relaciones de pareja. ¿Cuándo has confundido una atracción dañina con la verdadera complicidad de pareja? ¿Qué efecto tuvo sobre tu vida? ¿Por qué caíste en la trampa de la atracción?

- ¿Cuál crees que es el fundamento esencial para tener una relación de complicidad auténtica, sana y dinámica? ¿En qué se diferencia de lo que tienes ahora o de lo que has tenido con tus parejas anteriores?
- Piensa en tu relación actual o en una de tu pasado. ¿Qué tienes o tenías? ¿De dónde surge o surgía vuestra conexión? ¿Qué tipo de atracción, sana o dañina, es o era, tanto en el plano físico como en el emocional, el intelectual y el espiritual?
- ¿Cuáles de los siguientes componentes de una relación de complicidad auténtica están presentes en tu relación y cuáles faltan? ¿Respeto? ¿Lealtad? ¿Intimidad? ¿Reciprocidad (participación activa y equitativa por parte de ambos miembros de la pareja)? Piensa en lo que significan esencialmente estos términos. Rétate a mantener tu relación de pareja en el nivel más alto de exigencia.

Si deseas una complicidad auténtica, tienes la obligación para contigo misma de buscarla activamente y de no conformarte con menos. Si contestas que no deseas intimidad ni verdadera complicidad, buscar a un hombre que sea sólo un juguete sexual o un interlocutor intelectual puede ser lo más adecuado para ti. Pero tienes que ser sincera respecto a tus expectativas: pasarlo bien con un hombre por el que sientes una intensa atracción puede ser estupendo si de verdad es lo único que deseas. Está claro que a veces no estamos preparadas o no queremos una relación de verdadera intimidad. Pero en ese caso no te quejes de que te falta comunicación profunda con tu pareja. Tienes que saber lo que quieres y ser sincera respecto a lo que tienes. Y, si no te gusta tu situación, acepta la responsabilidad y haz algo para cambiarla.

Segundo atajo: la verdadera complicidad exige algo más que amor

El amor por sí solo, lo mismo que la atracción, no basta para crear una relación de complicidad satisfactoria, dinámica y vitalista. Es un prerrequisito, naturalmente, pero no es *el único motivo* para escoger a un hombre por compañero. Sin embargo, cuando nos preguntan por qué queremos casarnos, convivir, tener hijos o acostarnos con el hombre con el que tenemos una relación, nuestra respuesta automática suele ser «Porque le quiero». Aunque parezca la respuesta correcta, no te equivoques: es una señal de advertencia digna de atención. ¡Alerta roja!

Piensa en todos los hombres a los que has querido, excluyendo a familiares y amigos. Recuerda, sinceramente, por qué no te casaste con ninguno de ellos. O, si te casaste, pregúntate por qué no funcionó la relación. Es muy posible que terminara no porque no quisieras a tu pareja, sino debido a diferencias personales, a espejismos, a una necesidad de rellenar agujeros, a la insinceridad, a patrones de conducta poco saludables o una falta de autoconciencia, intimidad, confianza o respeto. Si el amor fuera lo único que necesita una persona para disfrutar de un matrimonio maravilloso, habría muchos menos divorcios de los que hay.

¿Cómo reaccionas emocionalmente ante la idea de que el amor no es suficiente para comprometerte con un hombre y tener una relación de pareja? ¿Aceptas esa posibilidad o no la percibes claramente debido a que el escepticismo, la indiferencia o la irritación te nublan la vista? Este atajo hace que mucha gente se sienta incómoda, que se ponga a la defensiva o incluso que se enfade, y así debe ser. Afirmar que el amor no basta es lo que yo llamo un «atizador»: una idea o una pregunta que te retan a ser sincera respecto a cualquier noción ilusoria que tengas sobre el tema y que, en último término, te liberan para que puedas abrirte a nuevas posibilidades. Este atizador te brinda la oportunidad de analizar más profundamente tus motivaciones para escoger a un hombre concreto, al margen del amor. Así que, si te sientes «atizada», ¡mejor! Merece la pena sentirse un poco incómoda a cambio de la lucidez que aporta este planteamiento. El poder de un atizador reside en el hecho de que te hace pararte a pensar: «¿Cuál es la verdad en mi caso?» Si es un atizador eficaz, esta pregunta te ayudará a reconocer las creencias, las acciones y las mentiras que te están haciendo daño, de modo que puedas desembarazarte de ellas y crear lo que de verdad deseas. Si no estás del todo convencida de que no basta con el amor para crear una auténtica relación de pareja, no te preocupes. Lo único que te pido es que me sigas la corriente y eches un vistazo a lo que he descubierto que era cierto en mi caso y en el de muchas otras mujeres, y que te permitas descubrir cuál es la verdad en el tuyo propio.

Así pues, ¿por qué una auténtica relación de complicidad exige algo más que amor? La gente ama conforme a su capacidad de dar y recibir amor. Esta capacidad está directamente vinculada a lo mucho o poco que esa persona permite que el respeto, la verdad, la intimidad y la confianza formen parte de su vida. La verdadera diferencia entre una relación basada en el *ideal* del amor y una complicidad auténtica cimentada sólo en parte en el amor es la respuesta a la pregunta: «¿Por qué este hombre en concreto?» Si tu respuesta incluye cosas como el respeto, la confianza, el apoyo, la amistad y la comunicación, las campanas de alarma guardan silencio. No porque haya más amor en esa relación, sino porque ambos tenéis la capacidad de compartir vuestro yo, vuestros sentimientos y vuestras vidas. A decir verdad, cuando tenemos la capacidad de confiar, de ser respetuosos (en las circunstancias más difíciles) y sinceros hasta el punto de volvernos vulnerables, podemos amar *mejor*, lo que no quiere decir que amemos *más*.

El respeto, la lealtad, la intimidad y la confianza son ideas grandiosas, y seguramente podría escribir un volumen dedicado a cada una de ellas. Por suerte para nosotras este capítulo trata de atajos, así que he incluido en él un resumen de lo que son el respeto y la verdad para ayudarte a ampliar tu comprensión de lo que hace falta, más allá del amor, para conseguir un NOSOTROS maravilloso. En el siguiente capítulo hablaremos más por extenso de la intimidad y la confianza.

Respeto

Demuestras respeto cuando, en *toda* interacción, te mantienes abierta a lo que tenga que decir el otro, incluso (o especialmente) cuando no estáis de acuerdo. Da igual las ganas que tengas de eludir la cuestión, de fulminar a tu pareja o de hacer trizas sus argumentos: escuchas sus palabras con la mente y el corazón abiertos y permites que traspasen tus barreras defensivas y que, en último término, influyan sobre tu reacción. Puede que te preguntes: «¿Para qué demonios voy a hacer eso?» Porque, lo creas o no, incluso en el fragor de una discusión las palabras de nuestra pareja pueden cambiar nuestra manera de sentir u opinar y, por tanto, lo que escogemos decir. Con excesiva frecuencia, mientras escuchamos a nuestro chico estamos en realidad formulando nuestro ataque o refrenándonos lo justo para coger impulso y atacar. Empleamos frases como misiles, soltamos afirmaciones como «El año pasado hiciste…»

o «Siempre soy yo la que… y tú nunca…» y, naturalmente, «No es la primera vez que me lo haces, acuérdate». (Referirse al pasado para refregárselo a alguien por la cara nunca es respetuoso, ni forma parte de una auténtica relación de complicidad.) Sin un profundo respeto por nuestro amado, nuestras interacciones son como tensos combates de esgrima sin reglas que impidan jugar sucio. Con respeto, en cambio, toda interacción, incluso la más difícil, puede ser como una danza dinámica en la que viajamos juntos por la vida, respetando cada uno el movimiento del otro.

Verdad

La verdad está presente en una relación de pareja cuando realmente puedes contarle a la otra persona lo que estás sintiendo o pensando, con toda sinceridad. Por vulnerable, avergonzada o asustada que te sientas, dices lo que te ronda por la cabeza y el corazón, siempre con respeto, naturalmente. A menudo, en nombre de la verdad, fustigamos a nuestra pareja o la vapuleamos con nuestros puntos de vista. No es esa la clase de verdad a la que me refiero. La verdad es sincera y puede ser muy contundente, pero nunca es maliciosa, aunque a veces duela. No puede darse si tienes por costumbre sofocar tus emociones dejando que bullan bajo la superficie hasta que estallan como un volcán. Para que exista una verdadera relación de complicidad entre una pareja es necesario que hablemos a las claras de nuestras emociones y opiniones y que las expresemos en el momento y desde el corazón, no desde nuestro ego puesto a la defensiva. Si no podemos ser sinceras con nuestra pareja al cien por cien y sin cortapisas, no tenemos una verdadera pareja y seguramente tampoco una relación muy saludable con nosotras mismas.

En la relación que tuve con mi ex novio, a medida que fui cobrando conciencia de mí misma comencé a ver que nuestro amor no generaba respeto, sinceridad ni intimidad, lo que, como es lógico, contribuía a mi tremenda soledad. Sin embargo, seguía queriéndole. Ese amor fue lo que me hizo perseverar para que nuestra relación funcionara, convencida de que, si creíamos en nuestro amor mutuo, todo lo demás acabaría por solucionarse. No fue así. Lo paradójico es, claro está, que aunque nuestra unión acabó hecha pedazos, yo seguí queriéndole: eso no cambió.

❤ Reflexiones sobre MÍ ❤

- ¿Cuáles son tus ideales respecto al amor?
- ¿Cuándo te has servido de esos ideales, a falta de respeto, verdad o confianza, como la razón principal para establecer un compromiso más profundo con tu chico? ¿Cuál fue el resultado?
- ¿Qué significan para ti el respeto, la verdad y la confianza? ¿Por qué son importantes para ti? ¿Cuándo te has conformado con menos y por qué?

Tercer atajo: El amor por sí solo nunca es motivo para quedarse

Si el amor no basta por sí solo para que se dé una complicidad duradera y satisfactoria, desde luego tampoco es razón de peso para prolongar una relación. Para muchas de nosotras, sin embargo, es el único motivo por el que prolongamos más de lo debido relaciones de pareja que no satisfacen nuestras necesidades o nuestros deseos. ¿Nuestro argumento?: «Si quiero a este hombre y él me corresponde, basta con eso, da igual lo agotada, lo infeliz o lo sola que me sienta». Aunque sepa que mi chico jamás será un verdadero compañero, me quedo porque «le quiero». Empeñamos nuestra felicidad y nuestros sueños, y todo porque estamos enamoradas. Pero el amor no debería exigir en ninguna circunstancia que sacrifiquemos el propio yo. Renunciar al propio yo es lo contrario de elegir el YO antes que el NOSOTROS.

Entonces, ¿por qué decidimos prolongar relaciones de pareja insatisfactorias que apartan a un lado el YO? Después de haber prolongado nada menos que catorce años una relación, creo que la razón principal es el miedo. Nos horroriza la idea de abandonar a un hombre que dice querernos y no volver a encontrar a otro que nos ame. Sacrificar la alegría y la felicidad se convierte en un precio nimio que pagar a cambio de sortear la idea de vivir «solas». Cuanto más embutido esté ese hombre en nuestros agujeros, mayor es nuestro pánico a poner fin a la relación. Seguimos adelante con la esperanza de que nuestra pareja cambie y se convierta en el verdadero compañero que deseamos. Mientras haya un destello de esperanza, intentamos perpetuar cualquier relación.

La estrategia más eficaz para sobrellevar la situación suele ser buscar excusas para quedarnos. Lo mismo que un mago, nos sacamos razones del sombrero para justificar nuestra decisión de continuar la relación. Mes tras mes, año tras año, formulamos nuevos argumentos para quedarnos. Y aunque muchas de esas ideas ilusorias desaparecen con el tiempo, siempre queda un último argumento: el amor. Nos quedamos porque queremos a ese hombre. Para la mayoría de nosotras el amor se vuelve suficiente porque así ha de ser: sin amor, la única alternativa es marcharse. Y a menos que hayamos logrado dominar nuestro miedo a estar solas o hayamos aprendido a querernos a nosotras mismas lo suficiente para elegir el YO antes que el NOSOTROS, romper la relación nos parece casi peor que la muerte. Nos convencemos de que «debemos seguir juntos, por supuesto: nos queremos. Eso es lo que importa». Con independencia de lo destructiva o insatisfactoria que sea la relación, si el amor se queda, nosotras también.

Si esperamos a que se acabe el amor para decidir poner fin a una relación, no lo haremos nunca. El amor no desaparece. Sí, a veces la fuerza de la ira, del arrepentimiento, del odio o del sentimiento de haber sido traicionadas nos empuja como una catapulta a acabar con una relación, pero el amor permanece debajo de todas esas emociones dolorosas. Podemos detestar de todo corazón cómo nos ha tratado un hombre, o cómo se ha vuelto, y aun así quererle. Podemos estar muy enfadadas con nuestro ex novio por haber incumplido su parte del trato, y aun así quererle. Una de las mayores falacias de nuestra sociedad es que la gente se desenamora. El amor *cambia* y se *transforma*, claro, pero a la gente se le agota el respeto, la intimidad o la confianza. El amor, no.

Yo quiero todavía al hombre que me rompió el corazón. Incluso después de la horrible experiencia de nuestra ruptura, sigo queriéndole. No siento respeto por cómo puso fin a nuestra relación de pareja, y jamás volvería a confiar en él, pero no tengo por qué hacerlo. Todas mis ideas ilusorias y mi codependencia han desaparecido. No pienso en él cada día, ni le añoro. He acabado para siempre con nuestra relación, porque ME he curado. Mi decisión de asumir serenamente el fin de nuestra relación no tiene nada que ver con el amor. Si fuera así, habría corrido a sus brazos cuando me llamó un año después de nuestra ruptura para pedirme que volviera con él. Le dije que no, no porque no le quisiera, sino porque sabía que la relación no podía satisfacerme. En varias ocasiones, durante los quince años que pasamos juntos, volví con él por amor, pero jamás cometería de nuevo ese error. Tenía todo el amor que necesitaba: el amor de MÍ misma. Lo que buscaba en un hombre era un compañero, y él no podía serlo.

Podemos querer a un hombre y elegir no estar con él. Tomar esa decisión puede ser la alternativa más saludable para nosotras, sobre todo si nuestra pareja avanza en una dirección distinta de la nuestra, si no ve nuestro esplendor o si no es el compañero que de verdad deseamos. Si dejarle nos libera para que podamos crear la vida que queremos, entonces es la decisión más sensata, mucho mejor que esperar a que cambie mientras anhelamos calladamente algo más de lo que puede brindarnos el amor por sí solo, o le acosamos de manera pasiva-agresiva.

Cuando una relación de pareja se termina, el amor sigue respirando por debajo de la tristeza y de los sentimientos de rechazo, aunque quizá no lo sintamos en ese momento. Una vez asimilados el dolor y el miedo, el amor se convierte en la emoción capaz de curarnos. Las heridas no se cierran de un día para otro, pero con el tiempo, cuando somos capaces de encontrar de nuevo el amor en nuestros corazones, no hay nada que tenga tanto poder para transformar el dolor y liberarnos del pasado.

Mientras mi amiga Jill pasaba por la disolución de su matrimonio, ambas llegamos a comprender por qué tantas de nosotras prolongan una relación más tiempo del necesario, buscando siempre nuevos motivos para mantenerla a flote. Empezamos a referirnos en broma a este fenómeno de creación propia como «póquer del amor», un juego en el que somos al mismo tiempo quien reparte las cartas y quien juega, quien baraja y quien sube la apuesta para mantener viva la partida, es decir, nuestra relación.

Aunque Jill siguió casada con Mike otros cinco años, la idea de dejarle había aflorado ya a los dos años de su boda. Mientras duró su matrimonio, estuvo embarcada en una frenética partida de póquer del amor. Repartía metafóricamente una baraja de cartas una y otra vez, intentando encontrar una buena mano que hiciera que su matrimonio funcionara: pedía nuevas cartas, pasaba, probaba otra vez y subía la apuesta. Siempre arrojaba al centro de la mesa la ficha del «Le quiero», diciéndose que, como le quería, no *debía* dejarle. Entonces subía la apuesta: «Le quiero, así que ¿por qué voy a dejarle? Puede que esté siendo poco razonable, que me esté comportando como una loca». Luego llegaba la carta del «Puede que de verdad cambie. Veo progresos, quizá pronto vengan los grandes cambios que he estado esperando».

Pero por más manos que jugaba Jill, y pese a que con frecuencia parecía que llevaba las de ganar, Mike no cambió. Siguió sin satisfacer sus necesidades, y discutían, se peleaban y luchaban a brazo partido por llevar las riendas de la situación.

La partida no cesó ni siquiera cuando Jill tomó la decisión de poner fin a su matrimonio. Muchos días se sentía con fuerzas para ver con claridad y lucidez, y entonces recordaba por qué quería divorciarse de Mike. Pero luego él tenía un detalle, o ella se asustaba, y volvía otra vez a la mesa de póquer, donde siempre perdía.

Jill prolongó la partida hasta que un día (casi un año y medio después de haber declarado su deseo de divorciarse) comenzó a comprender finalmente que el amor no tenía nada que ver con sus motivos para dejar a Mike. Se dio cuenta al fin de que siempre iba a quererle, y de que todavía le encantaban muchas de las cualidades que la habían atraído de él en un principio. Para su asombro, esos vínculos físicos, intelectuales y emocionales no desaparecieron de la noche a la mañana. Y finalmente comprendió que siempre amaría a Mike y que al mismo tiempo no quería seguir casada con él. Ambas cosas eran ciertas. Curiosamente, al entenderlo, su amor se volvió más sano. Ya no se basaba en una fijación por cambiar a Mike, ni en el empeño de que la relación funcionase. Su amor por Mike brotaba ahora de los buenos recuerdos, de sus hijas y de lo que había aprendido sobre sí misma gracias a su relación de pareja. Mientras Jill se restablecía y restañaba sus agujeros, la atracción emocional e intelectual fue desvaneciéndose, pero el amor persistió.

Cuarto atajo: poner fin a una relación no es un fracaso: el fracaso es intentar mantener viva una relación muerta

Otra amiga mía me contó una idea muy sensata después de la ruptura con mi ex. Yo creía de todo corazón que *se suponía* que mi chico y yo teníamos que estar juntos para siempre y sentía que, como nuestra relación se había terminado, era un fracaso total y que por tanto había desperdiciado quince años de mi vida. Error. Lo que me dijo muy sabiamente mi amiga fue esto: la vida es como una acera. Caminamos por la acera de nuestra vida, a veces solas y a veces acompañadas. Con ciertas personas recorremos muchos kilómetros, hasta que toman una calle distinta y siguen adelante sin nosotras. Con otros amigos, amantes o conocidos recorremos un trecho corto, y luego se desvían y siguen su camino. Con otras personas, en cambio, caminamos muchísimo tiempo, tal vez hasta el final de nuestra calle, es decir, hasta el fin de nuestras vidas. No importa con quién caminemos, ni la duración del viaje que hagamos juntos: el camino que recorremos siempre es nuestro.

Estas palabras influyeron profundamente en mi percepción de las relaciones de pareja. Comprendí entonces que toda situación dura el tiempo que tiene que durar. Los finales son una parte natural de la vida. Las cosas empiezan y acaban, una y otra vez. Dado que cada una de nosotras tiene su propio camino, su propia vida, caminamos continuamente con personas distintas a lo largo de las distintas fases de nuestra vida. Algunas de esas personas caminan a nuestro lado para siempre, y otras toman caminos divergentes. Cuando la persona con la que caminamos elige tomar otra ruta, no se trata de una decisión personal: todos debemos ceñirnos al camino que tenemos marcado.

Por desgracia, este enfoque escapa a la inmensa mayoría de nuestra sociedad. Se nos educa para que creamos en las relaciones de pareja «eternas» y se nos condiciona para que permanezcamos con un hombre incluso si somos infelices con él. Se nos vende la idea de que, si una relación no dura el resto de nuestras vidas, es un fracaso, y en nuestra sociedad el fracaso resulta inaceptable. Esta argumentación perversa nos empuja a prolongar relaciones mucho más tiempo del debido con el único fin de evitar el sentimiento de fracaso y la censura social que conlleva. La única alternativa honorable parece ser «luchar hasta la muerte» para que la pareja funcione.

Sin embargo, hay otra alternativa: podemos optar por creer que la gente entra en nuestra vida por múltiples motivos y que *toda* relación educa. Puede que la lección que nos enseñe sea breve y dolorosa; mediana y dulce; larga y empoderadora; o infinita y atormentada. Al margen de *lo que* nos enseñe una relación, su éxito no depende de que dure para siempre. Una relación es un éxito cuando cobramos *conciencia* del motivo por el que determinado hombre forma parte de nuestra vida. Es una suerte inmensa para nosotras comprender que nuestra relación nos sirve de una manera concreta, buena o mala. Cuando somos capaces de dar un paso atrás y ver la dinámica de nuestra relación como una forma de aprendizaje y de adquisición de sabiduría, podemos aprender de ella y tomar la decisión autoconsciente de mantenerla o eliminarla de nuestra vida. Si decidimos poner fin a un vínculo, puede que nos pongamos tristes, pero acabar con la relación no equivale a un fracaso. Más bien al contrario: podemos dar gracias por las lecciones que nos ha enseñado, por hacernos más sabias, más sanas y más autoconscientes. Podemos elegir la gratitud por encima de la vergüenza o del sentimiento de humillación.

Hace unos años, una amiga mía se fue a vivir con un chico con el que llevaba saliendo un año. Había verdadera complicidad y su relación iba viento en popa. Pero casi se paró en seco durante su primer mes de convivencia, cuando se encontraron absolutamente obsesionados con la idea de que su relación «funcionase» y «durara». Al principio no se dieron cuenta de que los dos tenían grandes expectativas y de que escenificaban su malestar de maneras muy pueriles y, francamente, también muy corrientes. A ella la asustaba que las cosas «de él» estuvieran en «su» apartamento. Y a los dos les asustaba tener maneras muy distintas de administrar el dinero: ella guardaba en el ordenador los pormenores de sus gastos e ingresos desde hacía cinco años, y él ni siquiera tenía ordenador, y mucho menos balance de cuentas. Cada uno por su lado, se preguntaban para sus adentros si no habrían cometido un grave error al irse a vivir juntos.

Pasado un mes de esta situación de tensión creciente, su capacidad para comunicarse y su disposición a ser sinceros y a mostrarse vulnerables ante el otro se impuso a la angustia y al miedo y por fin tuvieron «la conversación». Fue un momento de confianza en el que los dos expresaron sus sentimientos y preocupaciones, y que en último término les permitió ver la tremenda presión a la que se habían sometido para que su relación funcionase. Los dos estaban obsesionados con la idea de ser el «alma gemela» del otro, y deseaban fervientemente preservar aquel amor, pero esa fijación, paradójicamente, estaba estrangulando su vínculo. Se dieron cuenta de que algo tenía que cambiar.

Así pues, se comprometieron a seguir juntos tanto tiempo como estuvieran a gusto el uno con el otro. Si en algún momento uno de los dos era infeliz, debía decirlo antes de decidir poner fin a la relación. Convinieron además en que, aunque su relación acabase, los dos estarían bien. Tristes, pero bien. Gracias a esta certeza y a ese compromiso, ellos se quitaron un gran peso de encima, y se lo quitaron también a la relación.

Todas tenemos la capacidad de liberarnos de la pesada carga del «para siempre» y de mirar nuestra relación con nuevos ojos. Podemos elegir comprometernos con nuestra relación tanto tiempo como nos convenga y nos haga sentir bien. Podemos prometer que, si por algún motivo el NOSOTROS cambia, seremos sinceras con nosotras mismas y con nuestra pareja. Si una es honesta y comprensiva consigo misma y con el otro, la relación nunca puede ser un fracaso.

♥ Reflexiones sobre MÍ ♥

- ¿Qué opinas sobre la idea de que las relaciones duren para siempre? ¿Y sobre lo que hace que una relación pueda considerarse un fracaso?

- ¿Te obsesiona la idea de que tu relación actual dure para siempre? ¿Has estado obsesionada con esa idea alguna vez, en relaciones anteriores? ¿Qué impacto tuvo esa fijación sobre ti y sobre tu vida?

- ¿Qué creencias acerca de la idea de «para siempre» te gustaría cambiar? ¿Y respecto a lo que hace que una relación sea o no sea un fracaso? ¿Estás dispuesta a prescindir de tu obsesión con el «para siempre» en todas tus relaciones de pareja?

- ¿Qué enseñanzas te han aportado las relaciones que ya no forman parte de tu vida? ¿Cómo puedes aplicarlas a tu relación actual o a tus relaciones futuras?

Recuerda que las relaciones duraderas que satisfacen nuestro corazón y nuestro espíritu enriquecen nuestras vidas. Si somos lúcidas, si estamos despiertas, es posible tener relaciones satisfactorias y prolongadas. Es nuestra fijación con la idea de que la pareja dure para siempre lo que impone una presión gratuita e innecesaria y lo que nos empuja a prolongar situaciones a las que deberíamos poner fin mucho antes.

Para profundizar

¿QUÉ BUSCAS EN UN «NOSOTROS»?

Con estos nuevos atajos en tu caja de herramientas sentimental, estás mejor equipada para crear la clase de relación que quieres. Así que el siguiente paso lógico es tener clarísimo qué buscas en una relación de pareja. Ya hemos hablado de algunos de los ingredientes de la auténtica complicidad, pero ¿cuáles son en tu caso?

El reto que te planteo es zambullirte en esta pregunta: ¿qué quieres de verdad en tu relación de pareja? Déjate sentir, y luego expresar, lo que te salga. Y exprésalo con pasión y sentimiento, con el corazón y el alma. Completa la frase siguiente:

Mi NOSOTROS es...

Puede que contestes espontáneamente de viva voz o que escribas una entrada de tu diario. O puede que pintes un cuadro, que hagas un *collage* o incluso que compongas una canción, recordando siempre que, aquello en lo que te concentras y en lo que pones energía, lo creas.

CAPÍTULO Ocho

Conseguir la intimidad que anhelamos

SI QUEREMOS ALGO, PRIMERO HEMOS DE ESTAR DISPUESTAS A DARLO

Nosotras desempeñamos un papel fundamental a la hora de generar intimidad en nuestras relaciones de pareja. Debemos estar dispuestas y ser capaces tanto de dar como de pedir una comunicación íntima, para lo cual es necesario que seamos sinceras y que mostremos nuestra vulnerabilidad. ¿Cómo podemos esperar recibir lo que somos incapaces de dar? Es imposible. Va siendo hora de asumir nuestra responsabilidad en la creación del NOSOTROS que anhelan nuestro corazón y nuestro espíritu, porque lo cierto es que la intimidad empieza por una misma.

Por desgracia, a la mayoría nos asusta hasta tal punto hablar libremente desde el corazón que no conseguimos establecer una conexión y una intimidad verdaderas con nuestra pareja aunque lo deseemos fervientemente. Por el contrario, hablamos desde la cabeza y desde el miedo, siempre reacias a abrir la puerta de nuestros sentimientos más íntimos, lo que nos impide expresar lo que de verdad necesitamos y queremos decir. En lo que se refiere a la capacidad necesaria para mostrarnos vulnerables, para comunicarnos libremente o para confesar nuestros verdaderos sentimientos, estamos en pañales. ¿El resultado?: obstaculizamos la intimidad que tanto ansiamos y nos conformamos con mucho menos. El mayor estorbo para la intimidad soy YO misma: mi miedo al rechazo, al abandono o a la crítica. Cuando el miedo domina nuestras emociones y pensamientos, la intimidad se hace imposible y la vulnerabilidad no puede darse. Por suerte hay otra alternativa: *elegir* ser sincera y vulnerable, e *insistir* en que tu pareja también lo sea.

No siempre es fácil construir una relación de verdadera intimidad: requiere tiempo, autoconciencia y confianza. Pero es perfectamente factible. De hecho, aprender a crear intimidad es una de las grandes ventajas de tener una relación de pareja. La intimidad con otra persona nos abre para que podamos vivir y amarnos más a nosotras mismas. Yo diría incluso que las relaciones de auténtica intimidad son tan mágicas y satisfactorias que ninguna mujer debería pasar sin una. Yo he vivido de las dos maneras: ansiando profundamente intimidad con mi pareja y gozando plenamente de ella. Y aunque esto último requiere mucha más vulnerabilidad, merece infinitamente la pena. Para la mayoría de las mujeres no es fácil mostrarse vulnerables, y tampoco lo fue para mí, desde luego. Me he esforzado conscientemente por bajar mis barreras defensivas desde el día en que me di cuenta de que la intimidad que estaba alejando de mí era justamente lo que anhelaba. Una de las primeras cosas que aprendí fue que, aunque había rechazado la intimidad muchas veces, nunca lo había hecho tan agresivamente como cuando, como dijo mi terapeuta, me dejaba dominar por «mi miedo al abandono».

Este miedo tan profundamente arraigado limitó la hondura de mi conexión con Noah, mi chico, durante los dos primeros años de nuestra relación. Cuando no ocupaba el primer plano y provocaba una bronca, acechaba en segundo plano, aguardando la oportunidad de hacer de las suyas. Uno de sus momentos preferidos para manifestarse era cada vez que Noah se estaba preparando para marcharse de viaje sin mí (dicho de otro modo, para «abandonarme»). No es que yo pensara conscientemente que no iba a volver, pero no podía evitar provocar una pelea lo bastante seria para abrir una brecha emocional entre nosotros antes de que se marchara.

Por si eso fuera poco, a su regreso repetía el mismo patrón de conducta. Momentos antes de que volviera a casa empezaba a palpitarme el corazón de pura alegría, pero al verle descubría que mi abismo emocional volvía a hacer acto de presencia. Me moría de ganas de abrazarlo con todas mis fuerzas, de agasajarlo con mi cariño y de exclamar: «¡Te he echado muchísimo de menos!», pero no me salían las palabras. Le recibía, en cambio, con un tibio abrazo y un cordial «bienvenido a casa». Tardaba horas en derribar las barreras que rodeaban mi corazón lo suficiente para dejarle entrar y crear el espacio necesario para que reconectáramos.

Cuando cobré conciencia de ese patrón autodestructivo, intenté de veras cambiar de comportamiento, pero sólo conseguí hacer pequeños progresos. Por suerte, el universo siempre se las ingenia para echarnos una mano cuando tenemos dificultades. A menudo, sin embargo, esa «mano» es más bien un empujón. A mí me lo dio, y no muy suave, el día en que Noah se marchó para hacer un retiro de nueve días, no pudiendo durante el primero de ellos mantener contacto de ningún tipo. Mientras estuvo fuera, el monstruo de mi sentimiento de abandono se descontroló. Y, como era de esperar, a los quince minutos de volver él, entré en modo terror. Cuando Noah entró por la puerta sonriendo de oreja a oreja, contentísimo de verme, podría haberle invitado a compartir conmigo sus experiencias iluminadoras y trascendentales, pero mi sistema defensivo se volvió loco. Yo sólo veía a un hombre lleno de ilusión y de ideas nuevas que, evidentemente, iba a dejarme para embarcarse en alguna misión personal de vital importancia. Así que hice lo que haría cualquier chica atenazada por el miedo: decidí apartarle yo primero.

En mi caso, eso equivalía a poner en marcha mi mecanismo de defensa predilecto (el control) y espetarle exigencias y ultimátums del tipo: «Si crees que voy a marcharme de San Francisco, ¡estás loco!» y «Tú puedes irte, pero yo me quedo donde estoy». (Noah no había dicho ni una palabra de cambiar de trabajo o de mudarnos a otra ciudad.) Cuando interrumpí mi invectiva el tiempo suficiente para ver su cara, me sorprendió su expresión de absoluto desconcierto. En ese momento me di cuenta de hasta qué punto me había descontrolado. Lo único que quería él era compartir su vida y sus nuevas experiencias con la mujer a la que amaba (o sea, conmigo), y yo sólo pude pensar en mí misma y en rechazarle. ¡Una fórmula poco eficaz para conseguir una comunicación íntima! Habría sido mucho más acertado expresar mis miedos y mostrar mi vulnerabilidad.

Por fortuna, la intensidad de esa experiencia me hizo tomar conciencia de cuánto daño me estaba haciendo mi miedo al abandono. Siempre había sabido conscientemente que Noah no iba a dejarme, pero mi subconsciente había tomado las riendas. Sabía que, para cambiar esa dinámica, tenía que empezar por MÍ misma, y que necesitaba el apoyo del NOSOTROS. Así que practicamos juntos antes y después de cada viaje, hablando con franqueza de mis emociones y mis miedos, y yo por mi cuenta me centré en restañar los agujeros causados por mi miedo al abandono.

Al final pude introducir un cambio permanente y significativo, en gran medida gracias a que Noah me brindó un espacio seguro para que mostrara mi vulnerabilidad, sin juzgarme ni hacerme reproches. Y eso es lo que requiere la intimidad: que cada miembro de la pareja invite al otro a entrar y no le cierre la puerta en las narices cuando sus gremlins hacen de las suyas. ¿Con qué frecuencia empezamos a comunicarnos con intenciones amorosas y acabamos zahiriendo al hombre al que amamos? Si nos cerramos constantemente a nuestra pareja cuando se muestra vulnerable o cuando intenta comunicarse con nosotras, al final dejará de intentarlo. ¿Y quién puede reprochárselo?

Cuando afloran nuestros miedos, podemos hacer dos cosas: escenificar una guerra o abrir nuestros corazones y decir la verdad. Piensa en los resultados que has obtenido cuando tus miedos te han empujado a atacar al hombre al que supuestamente amas o amabas. En lugar de acercarnos a nuestro chico con respeto y empatía a fin de entablar comunicación con él, atacamos a la persona a la que queremos amar. Es preferible cobrar conciencia de cómo funciona nuestro sistema defensivo y desarmarlo si se pone en funcionamiento. Cuando escogemos abrir nuestro corazón y comunicarnos sinceramente, invitamos a nuestra pareja a hacer lo mismo. No siempre es fácil, y menos aún en el calor del momento, pero hablar desde el corazón conduce siempre a una conexión más profunda y auténtica con nuestra pareja.

Cuando Noah y yo nos casamos nos dieron un montón de consejos, algunos buenos y otros no tanto. Pero sólo nos quedamos con uno: «Cuando las cosas se pongan difíciles, ahondad más aún». Practicamos este mantra desde entonces y, como resultado de ello, cada vez estamos más unidos. Empleo a propósito el verbo «practicar»: aunque es un mantra corto y sencillo, a veces llevarlo a efecto es endiabladamente difícil. Sinceramente, hay momentos en que siento que Noah me ataca o no me escucha, y mis gremlins se apresuran a entrar en acción. Quieren que haga trizas a ese hombre, a mi amado, lo cual no es una buena táctica si lo que busco es intimidad. Recordar las palabras «cuando las cosas se ponen difíciles, ahondar más aún» ha sido un salvavidas para mí. No sólo tengo más claro cuál es la dinámica entre mi pareja y yo, sino que también soy consciente de lo que ME está pasando *verdaderamente*. Sólo así puedo distinguir mis emociones basadas en el miedo de mi realidad centrada en el corazón. Ese hombre cuyos actos me han sublevado jamás me haría daño a propósito, aunque sus miedos subconscientes puedan intentarlo. Cuando desarmamos nuestros miedos, podemos conectar al fin.

♥ Reflexiones sobre MÍ ♥

Descubre si de verdad has estado dispuesta a mostrarte íntima y vulnerable en tus relaciones de pareja.

- ¿Cuáles son tus experiencias y creencias respecto a la intimidad y la vulnerabilidad? ¿Qué te gustaría cambiar?

- ¿Por qué te cuesta mostrarte vulnerable con tu pareja? ¿Cómo te sientes en momentos que parecen requerir vulnerabilidad? ¿Qué te impide ser vulnerable y crear intimidad?

- ¿Cuál es tu mecanismo de defensa predilecto? ¿Rechazas a tu pareja pisoteando su vulnerabilidad y atacándole? ¿Evitas la confrontación cerrándote por completo? ¿Transiges y luego te pones pasiva-agresiva? ¿O haces otra cosa? ¿Cómo daña esto a la intimidad de vuestra relación?

- Recuerda una ocasión en la que hablaras directamente desde el corazón, sin miedo a que te hicieran daño. Pregúntate: «¿Qué tenía de especial la persona con la que estaba? ¿Y la situación? ¿Y el entorno?» ¿Qué necesitas para sentirte segura en momentos de vulnerabilidad?

- ¿Estás dispuesta a intimar verdaderamente con tu pareja, en un sentido emocional, espiritual y físico? Si es así, ¿qué habilidades necesitas desarrollar? ¿Qué miedos debes afrontar? ¿Qué comportamientos tienes que cambiar? ¿Y qué apoyo necesitas, de tu pareja y de otras personas?

Una conexión íntima requiere un NOSOTROS

Para desarrollar una relación de verdadera intimidad hacen falta dos personas, y las dos tienen el deber de ser sinceras y vulnerables. Tu chico no tiene que ser perfecto, pero sí tiene que ser capaz de confesar sus sentimientos y de compartir su yo más profundo, y estar dispuesto a hacerlo. Por más que le pinches, le acoses o le amenaces, no se abrirá si no tiene la capacidad de ser vulnerable, el valor de superar sus miedos y la madurez necesaria para entablar un diálogo franco y abierto. Y, si no puede o no quiere entablar ese diálogo, tienes la responsabilidad para contigo misma de decir: «No, no voy a conformarme con una conexión mediocre, ni con un simple contrato. ¡Yo quiero más!»

Muchas de nosotras caemos en la trampa de tomar por verdades absolutas lo que no son más que estereotipos acerca de hombres y mujeres. Esto es especialmente cierto en el caso del dicho que afirma que los hombres no hablan y que las mujeres hablamos demasiado: que los hombres se encierran en su cueva, enfurruñados, y que las mujeres tratamos incansablemente de hacerlos salir de ella. Nuestros pensamientos crean nuestra realidad y, cuando nos tragamos esa idiotez, acabamos atrayendo a cavernícolas y conformándonos con sus gruñidos. Lo bueno es que no tienes que vivir conforme a ese estereotipo, ni conforme a ningún otro. No hay ningún fenómeno natural que convierta a todos los hombres en seres inexpresivos y a todas las mujeres en lo contrario; no todos los hombres rechazan la intimidad, ni todas las mujeres se aferran a sus parejas.

En realidad, tanto hombres como mujeres desean intimidad y conexión. La manera en que se manifiestan estos vínculos varía dependiendo de las *personas*, no del género. Debemos dejar de tener conversaciones acerca de por qué los hombres y las mujeres son distintos y empezar a ver a unos y a otras ante todo como *personas*: somos distintos porque todos somos individuos únicos. Cuando dejamos de estereotipar a nuestras parejas, podemos conocerlas de verdad íntimamente, como individuos y no como representantes de su sexo.

En el caso de mi matrimonio, es Noah quien no permite que la conversación se cierre, y soy yo la que tiene el instinto de huir a mi cueva. En contra del estereotipo, él tiene la ternura y la paciencia necesarias para hacerme salir. Pero yo no me casé con un estereotipo: me casé con una persona que es única más allá de cualquier limitación que nuestra sociedad considere «natural». Cada una de nosotras tiene la tarea de conocer íntimamente a su pareja, desde su fachada exterior a sus sentimientos más profundos.

❤ Reflexiones sobre MÍ ❤

Formúlate las siguientes preguntas para evaluar la capacidad de tu pareja (o, si estás sola, de tus ex parejas) para mostrarse íntimo y vulnerable.

- ¿Tu chico está dispuesto a mostrarse vulnerable, a compartir sus sentimientos más íntimos? ¿Cuándo se muestra vulnerable y cómo lo demuestra? ¿Qué le impide abrirse?
- ¿Qué estereotipos aplicas a tu pareja? Échale otro vistazo, viéndole esta vez como al ser humano al que quieres y sin las características estereotipadas que se atribuyen a su sexo. ¿A quién ves?
- ¿Aceptas una conexión mediocre, ya sea física, emocional, espiritual o mental, en tu relación de pareja? ¿Cómo contribuye él a esa mediocridad? ¿Cómo contribuyes tú? ¿Qué grado de intimidad y de conexión quieres en realidad?

Para que haya intimidad, tiene que haber hondura y curiosidad

Si nos preguntaran: «¿Conoces a tu pareja?», la mayoría de nosotras contestaría: «Sí, claro». Y hasta cierto punto es verdad. Pero, si nos preguntaran: «¿Conoces sus pensamientos, sus deseos y sus sentimientos más íntimos?», muchas no podríamos responder que sí con certeza. ¿Con qué frecuencia escuchamos de verdad a nuestra pareja, en lugar de oír simplemente aquello que respalda nuestras expectativas y necesidades? La complicidad íntima exige que observemos atenta y profundamente al hombre de nuestra vida, más allá de los vínculos superficiales que solemos establecer, y que le conozcamos de verdad.

Sí, la mayoría de nosotras conoce los datos pertinentes de su chico, y seguramente tiene una idea bastante decente de cuáles son sus metas, sus gustos y sus manías, sus puntos flacos y sus puntos fuertes. Pero ¿hasta qué punto estamos cerca de sus sueños y de sus miedos más íntimos? Y, aparte de saber que existe, ¿con qué frecuencia *conectamos* con su alma? ¿Con qué frecuencia vamos más allá de las exigencias de la vida cotidiana, o de la lucha por los logros materiales, para que nuestros espíritus puedan bailar juntos?

Para crear intimidad, debemos sentir curiosidad, incluso una curiosidad apasionada, por cómo es nuestra pareja en el fondo de su alma. Para que haya intimidad, es necesario un anhelo profundo de llegar a las partes más recónditas de nuestra pareja y de conectar con ellas, un intenso deseo de *conocerle*. Para ello no basta con hablar de nuestro futuro económico, ni de nuestras metas comunes: hacen falta conversaciones más profundas a diario. Incluso en medio de los quehaceres cotidianos debemos hacer el esfuerzo de conectar con el espíritu de nuestra pareja, no sólo con el tío que sale de la oficina cada día, que paga a medias el alquiler con nosotras o al que le gusta jugar al fútbol.

Un ejemplo de cómo romper las convenciones para generar conexión

Tengo la inmensa suerte de que en mi matrimonio abunden la comunicación íntima y las conversaciones cargadas de sentido. Noah y yo nos escuchamos mutuamente con intensidad, hablamos desde el corazón y entablamos diariamente un diálogo auténtico y satisfactorio. Pero, a decir verdad, para llegar a ese punto nos ha hecho falta un montón de práctica y de paciencia, y un compromiso constante de conocernos íntimamente a nosotros mismos y al otro.

El ejemplo más evidente de ello fue el día en que Noah me pidió que me casara con él. Yo sabía que iba a pedírmelo pronto. Dos meses antes, mientras estábamos sentados en una cafetería de San Francisco, habíamos decidido casarnos. Hablamos de lo que significaba el matrimonio para cada uno, discutimos lo que queríamos de la vida y estuvimos de acuerdo en crear un vínculo aún más fuerte contrayendo matrimonio. Después de hablar de todos los temas importantes que debe debatir de antemano una pareja, estábamos los dos emocionados y muy seguros de nuestra decisión. ¿El único detalle del que había que ocuparse?: le pedí a Noah que eligiera un día futuro, sin que yo lo supiera, para pedirme formalmente que me casara con él.

Así que imagínate su sorpresa cuando dos meses después, en una soleada playa californiana, me pidió que me casara con él y yo no respondí «¡Sí!» Tampoco respondí que no. En realidad, sentí el impulso de hacer algo que la mayoría de las publicaciones dedicadas a las novias desaconsejaría rotundamente: quise parar, no contestar a la pregunta y crear una conexión más íntima ahondando en la conversación. ¿Estaba loca? ¿Ponerme a hacer preguntas? ¿Tener una conversación? ¿No se suponía que debía ponerme a dar brincos de alegría y a gritar: «¡Sí, claro que quiero casarme contigo!»? Eso era lo que me habían inculcado, así que cualquier otra cosa sería una estupidez, ¿no?

Bueno, quizá para otras personas sí, pero mi intuición tenía ideas propias. En ese momento me dijo: «Quieres saber exactamente a qué estás diciendo que sí, ¿verdad? Este momento afectará al resto de tu vida, así que afróntalo como tal». Sentar los cimientos de mi vida con aquel hombre era su prioridad absoluta, y el único modo de hacerlo era tener una conversación más profunda. Seguir el dictado de mi intuición fue una de las mejores decisiones que he tomado en mi vida.

En ese momento deseaba algo más de lo que podía brindarme un simple «sí». Quería intimidad. Ya había dado en otra ocasión la respuesta estándar: «¡Sí, claro que quiero casarme contigo!», y al instante me había sentido como arrastrada por un torbellino. En aquella ocasión, aunque sentí un asomo de intimidad, fue muy efímero: enseguida saltamos a lo que he dado en llamar la «noria nupcial». Fue así: apenas unos minutos después de aceptar la proposición de mi ex novio y de hacernos unos cuantos arrumacos, concentramos toda nuestra energía en cualquiera, *menos* en nosotros. Empezamos a llamar a gente para contarle la buena noticia, y así comenzó la planificación de la boda, que fue interminable y agotadora. Nuestra conexión, o falta de ella, se perdió en medio de tanto jaleo.

Cuando tuve una segunda oportunidad, con Noah, sabía ya que mi compromiso para casarme comenzaría en cuanto dijera que sí. Lo que importaba (para nosotros como pareja y para nuestro matrimonio) era la energía creada al inicio de este nuevo periplo. Así que respiré hondo y dije: «Noah, eres mi mejor amigo en el mundo y el hombre con el que quiero compartir mi vida. Y me apetece muchísimo que hablemos sobre lo que significa esto para los dos, ahora mismo, en este momento». La conversación que entablamos entonces me permitió conectar con el alma de mi chico.

No estaba segura de cómo iba a reaccionar él, pero por suerte no empezó a darle vueltas la cabeza ni se puso rojo como un tomate. Se mostró un poco sorprendido, pero se tomó el tiempo necesario para conectar conmigo a un nivel más profundo y sin resistencias. Si se hubiera negado, yo habría sabido que no era el hombre adecuado para mí. La comunicación que establecimos en ese momento trascendental creó los cimientos no sólo de nuestra boda, sino, lo que es más importante, también de nuestro matrimonio.

Ahondar más aún

A continuación encontrarás las preguntas que le hice a Noah aquel día en la playa. Los fundamentos íntimos que ayudaron a crear han sido de incalculable valor para nosotros, sobre todo cuando afloraban mis miedos respecto a él o a la viabilidad de nuestra relación. Aunque formulé estas preguntas cuando me pidió que nos casáramos, pueden hacerse en cualquier momento de una relación para profundizar en la conversación y establecer un vínculo más auténtico. De hecho, las hemos revisado una y otra vez.

¿QUÉ INTENCIONES TIENES RESPECTO A TU VIDA? Esta pregunta arroja luz sobre lo que tu chico tiene planeado para *su* vida, al margen de tu presencia en ella. Puede que pienses que ya conoces la respuesta: que quiere ser vicepresidente, papá u otra cosa. Pero, aunque esas cosas pueden ser ciertas, la verdadera intimidad exige algo más que respuestas estereotipadas como ésas, que proceden principalmente del intelecto o del sentido del deber. Esta pregunta se dirige al alma de una persona. Si se responde con autenticidad, conduce a una comprensión mucho más significativa de la personalidad de un hombre y de vuestra compatibilidad como pareja.

Formular esta pregunta supone un grado de seriedad que sólo puede traducirse en una honestidad total. La respuesta de tu pareja te permitirá comprender hasta qué punto es una persona centrada y organizada, al margen de los planes que hayas hecho para él. Aunque no hace falta que tenga un plan quinquenal, sí es necesario que se conozca íntimamente a sí mismo y que esté dispuesto a compartir contigo sus pensamientos personales. Su respuesta también te brinda la ocasión de examinar el grado de afinidad entre tus intenciones individuales y las suyas. Si vais en direcciones opuestas o uno quiere avanzar mientras el otro prefiere quedarse donde está, puedes considerarlo una señal temprana de que la relación está abocada al fracaso.

Si al principio está nervioso o inseguro, empieza por contarle tú cuáles son tus intenciones. Dale un respiro: es una pregunta muy profunda. Si no sabe qué responder, tendrás que preguntarte: «¿Quiero de verdad un compañero que no tiene ni idea de cuáles son sus aspiraciones vitales?» Ayúdale a superar las respuestas estandarizadas y a ahondar en sus pensamientos íntimos. Si no quiere o no puede hacerlo, pregúntate:

«¿Quiero una pareja que pueda expresar su vida únicamente con la cabeza, no con el alma y el corazón?»

¿Cuáles son tus compromisos para contigo mismo? Puede que esta pregunta suene muy parecida a la anterior, pero ten en cuenta que la intención y el compromiso son dos cosas muy distintas. Podemos tener la intención de hacer algo toda la vida y no llegar a hacerlo nunca. Sin compromiso, las intenciones son promesas vacías. Esta pregunta insta a tu interlocutor a detenerse y a preguntarse a sí mismo: «¿Con qué estoy comprometido de verdad? ¿Qué promesas estoy dispuesto a hacerme a mí mismo?» Es una pregunta tremenda, desde luego, dado que enunciar nuestros compromisos exige que tengamos la integridad necesaria para cumplir nuestra palabra. Su respuesta será un modo de afirmar: «Me comprometo a esto o a esto otro conmigo mismo. Puedes contar con ello». Aclarar este punto puede ayudarte a evitar una relación repleta de decepciones. Antes de que una persona se comprometa con el NOSOTROS, es vital que él o ella se comprometa consigo misma. Cuando la gente se compromete consigo misma en lugar de con otra persona, sus posibilidades de llegar hasta el final son mucho mejores. Y es mucho más probable que seas sincera contigo misma respecto a cómo es de verdad tu chico.

Como yo estaba comprometida con una vida de exploración personal, creía que mi pareja tenía que estar, a su vez, comprometida con su propio crecimiento personal. Sabía que Noah *quería* ser el mejor Noah posible, pero los dos necesitábamos que se comprometiera a ello al embarcarnos en el matrimonio. Desde entonces, cuando me preocupa que su crecimiento personal se detenga, me acuerdo de su compromiso y me relajo. Y, a su ritmo, Noah siempre sigue adelante. Esta promesa ha sido de incalculable valor para la salud y la sostenibilidad de nuestra relación.

¿Qué significa para ti el compromiso que vamos a hacer el uno con el otro (es decir, el matrimonio, vivir juntos, etcétera)? ¿En qué sentido es distinto para ti de lo que tenemos ahora? Esta pregunta ayuda a descubrir hasta qué punto tu chico ha reflexionado sobre esta nueva etapa de vuestra relación y arroja luz sobre lo que significa para él. ¿Quiere pasar a esta nueva fase sólo porque es el siguiente paso lógico en el curso de la vida o de verdad va a poner el alma y el corazón en esta nueva aventura contigo? Casarse, vivir juntos o cualquier otra cosa que suponga un compromiso a largo plazo es una elección, no algo que se haga porque todo el mundo lo hace. ¿Cuál quieres que sea la motivación de tu pareja al asumir este nuevo compromiso: el sentido de la obligación y la presión social, o una certeza arraigada en el alma? ¿Te parece bien que viva con el piloto automático puesto o prefieres que sea plenamente consciente y que esté de verdad presente?

Esta pregunta revela, además, cuáles son las expectativas de tu chico respecto al tipo de compromiso que vais a asumir. Cada persona vive una relación o un matrimonio de manera distinta, y tiene, por tanto, expectativas particulares. Puede que ya hayáis hablado de tener hijos, de cuestiones económicas o laborales, de estabilidad, etcétera, pero esta pregunta es diferente. No se trata del contrato: se trata de asunciones profundas que hacemos respecto a nuestra pareja en lo relativo al tipo de compromiso que vamos a asumir. Abundar juntos en esta cuestión te permitirá saber qué esperáis el uno del otro y de la relación.

Estas preguntas no fueron un instrumento de tortura que ideé para que mi pareja se sintiera incómoda o para darme una falsa sensación de seguridad. Despejaron ideas preconcebidas, fijaron expectativas y nos permitieron ver el verdadero yo del otro, brindándonos así un cimiento sólido para esta nueva etapa de nuestra relación. Si decides profundizar con tu pareja, escucha atentamente sus respuestas. Procura estar plenamente presente en la conversación, presta atención a cada palabra y mira a tu pareja como el individuo único que es. Y acuérdate de tu intuición: ten muy presente lo que ella ve, oye y siente. Fíate de sus percepciones. No te conformes con que tu pareja responda con monosílabos o con un par de palabras. Sé consciente de que tienes derecho a una comunicación íntima con él. Para escoger el YO antes que el NOSOTROS es imprescindible profundizar. ¿Estás dispuesta a hacerlo?

❤ Reflexiones sobre MÍ ❤

Piensa en conocer a tu pareja mucho más íntimamente de lo que la conoces respondiendo al siguiente cuestionario:

- ¿Qué anhelas saber sobre tu chico, en lo hondo de su alma, muy lejos de la superficie? ¿Qué tiene ese hombre *en concreto* que suscita tu curiosidad?
- Si miras su yo único y singular, separado de ti, ¿qué ves? ¿En qué sentido fortalecería vuestra unión que le veas de verdad, sin tu influencia y sin las cosas que proyectas en él?
- Si quieres saber más, ¿cómo puedes instarle a sacar a la luz su yo más íntimo?

- Recordando tus Cuatro Esencias, ¿qué preguntas te ayudarían a estar segura de que la verdadera personalidad de tu chico encaja con lo que deseas en una pareja?
- ¿Qué es lo que más te preocupa sobre este hombre en concreto y sobre vuestra relación? ¿En qué sentido podría ayudarte profundizar en vuestra relación? ¿Cómo puedes conectar con él en lo tocante a tus preocupaciones?

Céntrate a continuación en ti misma y responde a las tres preguntas del capítulo:

- ¿Qué intenciones tienes respecto a tu vida?
- ¿Cuáles son tus compromisos para contigo misma?
- ¿Qué significa para ti el compromiso que vais a asumir (es decir, casarse, vivir juntos, etcétera)? ¿En qué sentido es distinto para ti de lo que tenéis ahora?

Después, piensa en lo que esperas de las respuestas de tu pareja.

- ¿Cómo quieres que conteste tu pareja? ¿Qué palabras quieres oír?
- ¿Qué es lo que más temes que diga? ¿O que no diga?

Este proceso, como todo lo que hemos tratado hasta ahora, empieza contigo misma. El grado de intimidad de vuestra conexión depende de tu disposición y de tu capacidad para mostrarte vulnerable y ser sincera. Mereces el amor, el respeto y la dicha que brotan de una complicidad profunda e íntima, pero primero tienes que comprometerte contigo misma.

Tengo que pedirte que tomes una última decisión, una decisión tan esencial en tu viaje para escoger el YO antes que el NOSOTROS como las demás decisiones y promesas que has hecho hasta este momento: saber, amar, confiar, honrar y ser sincera CONTIGO MISMA. Aunque nunca tengamos pareja, todas necesitamos conectar con otras personas. Es uno de los dones más preciosos de la vida. Así que *escoge* la calidad de las relaciones humanas que quieres tener formulándote una serie de promesas en este preciso instante.

Utiliza los siguientes votos como guía para enunciar las promesas que quieres hacerte a ti misma y los compromisos que garantizarán que, en tus relaciones personales, siempre antepondrás a la persona más importante: tú misma.

☙ MIS VOTOS PARA CONECTAR ❧ CON LOS DEMÁS

- En mis relaciones íntimas con hombres, me prometo a mí misma...
- En mis relaciones íntimas con las personas a las que quiero, me prometo a mí misma...
- En un esfuerzo por mostrar mi vulnerabilidad y ser sincera en todas mis relaciones personales, me prometo a mí misma...

Una última nota

Elegirme a MÍ misma es algo que cualquier mujer puede decidir hacer para el resto de su vida. Al hacerlo, llegamos a conocernos mejor y a querernos más, y nos permitimos a nosotras mismas experimentar una felicidad de verdadero calado. Toda mujer, incluida tú, es un espíritu bello y maravilloso que merece estar completamente enamorada de sí misma, con o sin un hombre. Desde esta plenitud, podemos empoderarnos para escoger una pareja que de verdad valore y honre nuestra alma. Nos debemos a nosotras mismas esa posibilidad. Nadie más puede tomar esa decisión por nosotras. Y, al escoger esta alternativa, también estamos alentando a todas las mujeres y niñas a que hagan lo mismo.

Tengo la esperanza de que abandones este libro con más cosas de las que traías al comenzar a leerlo, en forma de posibilidades y compromisos contigo misma. Mi deseo es que, al proseguir tu camino, te enamores de ti misma, una y otra vez, para el resto de tu vida.

Christine Arylo

Inspiración, ideas y más cosas

*H*e encontrado palabras cargadas de sabiduría en los siguientes libros, canciones y poemas que descubrí a lo largo de mi camino. Puede que a ti también te sirvan para desvelar nuevas posibilidades y adquirir una comprensión más profunda en el curso de este viaje para enamorarte perdidamente de tu yo único y resplandeciente. ¡Que disfrutes del descubrimiento!

Un yo saludable

The Female Power Within: A Guide to Living a Gentler, More Meaningful Life, de Marilyn Graman y Maureen Walsh.
El poder del ahora: un camino hacia la realización espiritual, de Eckhart Tolle. Gaia Ediciones, Madrid, 2006.
Un nuevo mundo ahora: encuentra el propósito de tu vida, de Eckhart Tolle. Círculo de Lectores, Barcelona, 2007.

Los lugares que te asustan: convertir el miedo en fortaleza en tiempos difíciles, de Pema Chödrön. Ediciones Oniro, Barcelona, 2006.

Deshacer los espejismos y las mentiras

Una llamada al amor: conciencia, libertad, felicidad, de Anthony de Mello. Editorial Sal Térrea, Cantabria, 2009.
Libérate de la codependencia, de Melody Beattie. Editorial Sirio, Málaga, 2013.
Despierta: peligros y posibilidades de la realidad, de Anthony de Mello. Gaia Ediciones, Madrid, 2012.

Abundancia y manifestación

Creating Money: Attracting Abundance, de Sanaya Roman y Duane Packer.
El poder de la intención: aprende a usar tu intención para construir una vida plena y feliz, de Wayne Dyer. Grijalbo, Barcelona, 2005.
Las leyes dinámicas de la prosperidad, de Catherine Ponder. Ediciones Luichi (edición digital), 2015.
El alma del dinero, de Lynne Twist. Hara Press, 2014.

QuererME

El arte de la felicidad, de Su Santidad el Dalai Lama y Howard C. Cutler. Random House Mondadori, Barcelona, 2001.
Acoustic Soul, de India Arie (CD).
Testimony: Volume 1, Life & Relationship, de India Arie (CD).

Elegir a tu copiloto

La sabiduría del eneagrama, de Don Richard Riso y Russ Hudson. Ediciones Urano, Barcelona, 2001.

Intuición

Desarrollo de la intuición. Una guía para enfrentar con éxito los retos de la vida diaria, de Shakti Gawain. Alamah Espiritualidad, México DF, 2001.
Intuición divina, de Lynn A. Robinson. Pearson Educación, Madrid, 2002.

NOSOTROS

Las relaciones del alma, de Thomas Moore. Ediciones Urano, Barcelona, 1995.

Intimidad

La invitación, de Oriah Mountain Dreamer. Ediciones Urano, Barcelona, 2000.
La mujer y la intimidad, de Harriet Lerner. Ediciones Urano, Barcelona, 1991.

Sobre la autora

*T*ras cursar un máster en Administración de Empresas en la Kellogg School of Management (Northwestern University) y pasar más de doce años trabajando en campañas publicitarias para grandes marcas como Gap, Visa o Frito-Lay, Christine Arylo cambió el márketing empresarial por la oportunidad de inspirar a las mujeres a liberarse de su autoimagen limitadora. Fundiendo su experiencia profesional y su amplia formación en liderazgo y *coaching* con su propio viaje espiritual, ahora trabaja con chicas y mujeres como catalizadora para el cambio. Entre sus clientas se incluyen empresarias, ejecutivas y personas que buscan su camino personal. Como escritora, conferenciante y maestra transformacional, dirige potentes experiencias, tanto virtuales como presenciales, para mujeres de todo el mundo. Sus opiniones han aparecido en cadenas de televisión como ABC, CBS, Fox y E! Entertainment TV. Conocida como «la Reina del Amor Propio», Christine creó el Madly in Love with ME, el día internacional del amor propio, que se celebra el 13 de febrero, y es cofundadora de la Inner Mean Girl Reform School, una escuela virtual dedicada a transformar las voces de las mujeres para que dejen de autosabotearse. Christine vive en la zona de la bahía de San Francisco con su compañero del alma, Noah, y su husky siberiano.

girltalk
taking it deeper

Donde las mujeres aprenden a transformar a su criticona interior en su superheroína interior

Inner Mean Girl Reform School ofrece enseñanza *online*, cursos a distancia, talleres y prácticas de amor propio de 40 días de duración que proporcionan a las mujeres las herramientas y la experiencia necesaria para transformar sus pautas de autosabotaje en hábitos de autoempoderamiento. Miles de mujeres de todos los continentes ya se han plantado y han dicho «¡NO!» a la costumbre de ser tan duras consigo mismas. Para más información, visita www.innermeangirl.com. Y pásate por nuestra página de Facebook para unirte a esta revolución.

Madly in Love with ME es un movimiento internacional de amor propio dedicado a convertir el amor propio en una realidad tangible para mujeres y niñas de todo el mundo. Coincidiendo con el 13 de febrero, el día oficial del amor propio, Madly in Love with ME ofrece inspiración de muy diversas maneras, incluida una Guía Básica gratuita y un collar oficial dedicado al amor por MÍ misma. www.madlyinlovewithme.com

Step Up Women's Network es una asociación sin ánimo de lucro dedicada a fomentar los recursos sociales para mujeres y niñas. Ofrece cursos de empoderamiento para adolescentes, apoyo legal y de educación para la salud, así como asesoramiento profesional para ayudar a las mujeres y las adolescentes a sentirse bien consigo mismas. Como creo en el poder de lo que hacen, un porcentaje de las ganancias de este libro irán a parar a la asociación. Visita su página web: www.suwn.org.

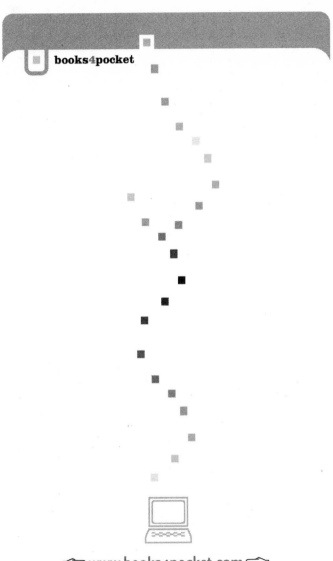

books4pocket

www.books4pocket.com